SCHLACHTEN-ATLAS
Weltkrieg 1914 bis 1918
Karten–Pläne–Skizzen

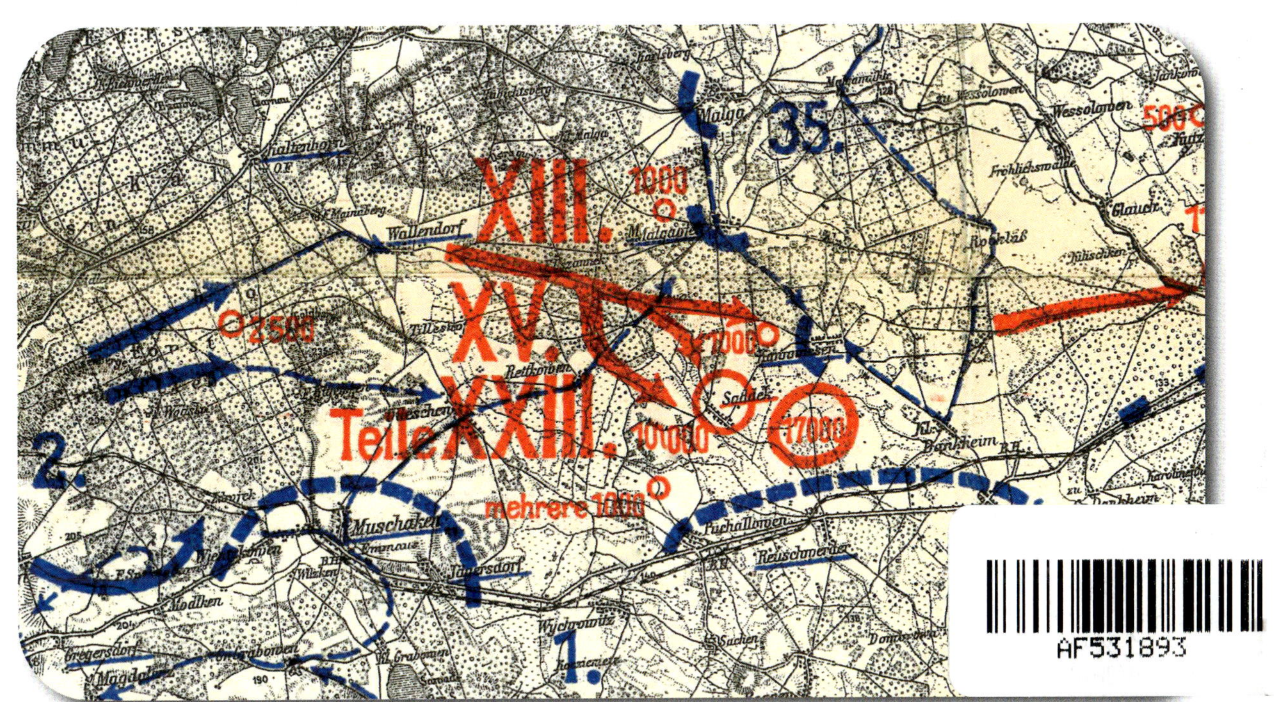

Schlachten um Ostpreußen 1914

Gefecht bei Stallupönen (Нестеров) am 17.8.1914
Schlacht bei Gumbinnen (Гусев) 19. bis 20. 8. 1914
Schlacht bei Tannenberg (Stębark) 26. bis 30. 8 1914
Gefecht bei Lahna (Łyna) und Orlau (Orlová) am 23./24.8.1914
Gefecht bei Gr. Bössau am 26.8.1914
Schlacht an den Masurischen Seen 6. bis 14. 9.1914

Verlag Rockstuhl

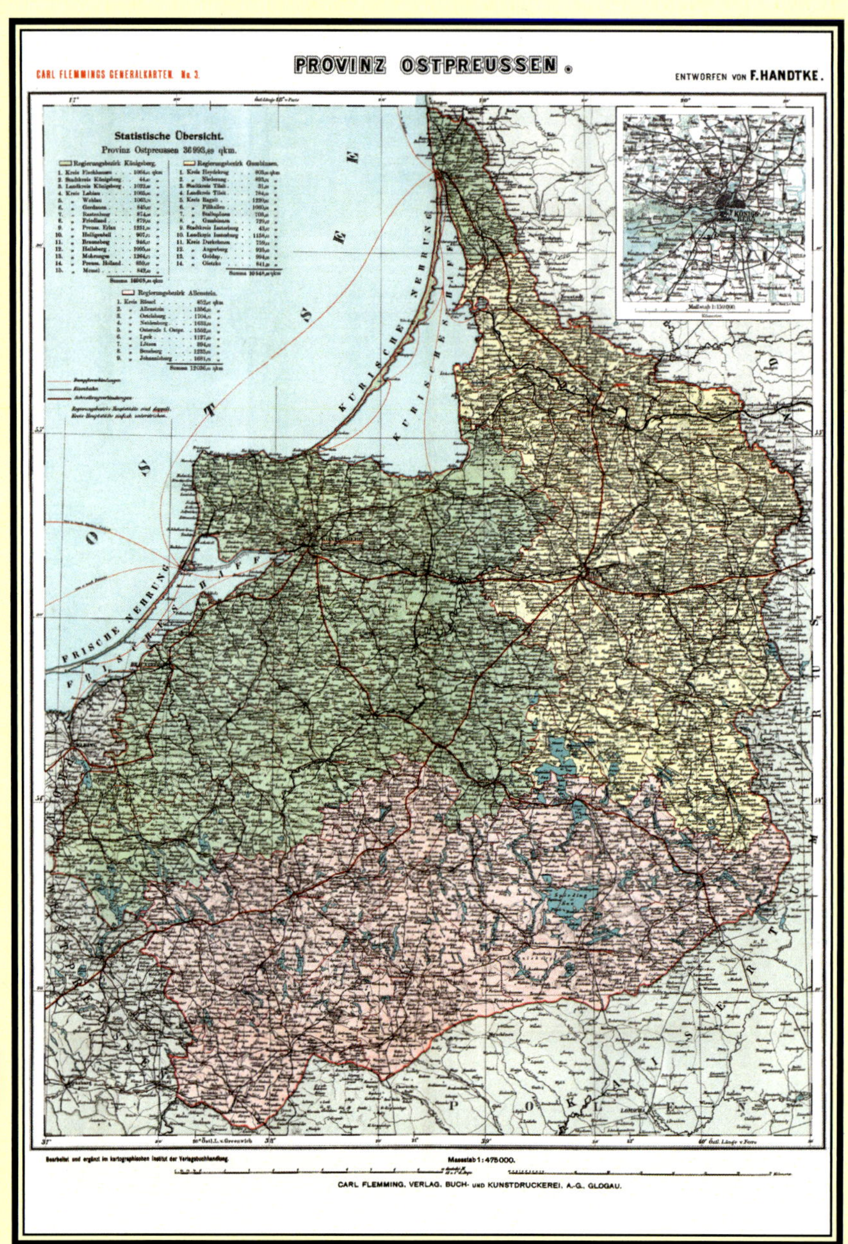

Historische Karte:
Provinz Ostpreußen 1910.
Carl Flemmings Generalkarten No. 3.
Grenz- und flächenkolorierte Karte.
Maßstab 1 : 475 000.
Darstellung 21 %
vergrößert zum Original.
Format (B x H) 65 cm x 95 cm,
Reprint, gerollt.
Die Karte wurde aus 30 einzelnen
Segmenten zusammengesetzt.
Mit statistischer Übersicht aller
Regierungsbezirke der Provinz
Ostpreussen im oberen, linken Bereic
und einer Extra-Karte von Königsberg
und seiner Umgebung
im oberen, rechten Bereich

Impressum
Titelbild: Karte 11 – Auszug „Schlacht bei Tannenberg. am 30. August 1914.“ (siehe Seite 42f.)

1. Auflage 2019

ISBN 978-3-95966-396-0

14 Karten und 11 Skizzen (vollständiger Kartenteil) aus: **„Der Weltkrieg 1914 bis 1918“, Zweiter Band – „Die Befreiung Ostpreußens 1914“**
Bearbeitet im Reichsarchiv – Die militärische Operationen zu Lande,
Originalausgabe 1925 im Verlag bei Mittler & Sohn, Berlin.

Innenlayout und Kartenbearbeitung der Reprintausgabe: Harald Rockstuhl, Bad Langensalza
Druck und Bindearbeit: Digital Print Group Oliver Schimek GmbH,
Nürnberg/Mittelfranken. Gedruckt auf alterungsbeständigem Papier nach ISO 9706

Mitglied des Börsenvereins des Deutschen Buchhandels e.V.
Lange Brüdergasse 12 in D-99947 Bad Langensalza/Thüringen
☎ *03603 / 81 22 46* 🖷 *03603 / 81 22 47 | Inhaber: Harald Rockstuhl*
www.verlag-rockstuhl.de

Inhalt

Übersicht des östlichen Kriegsschauplatzes und des Aufmarsches.

Karte 1.

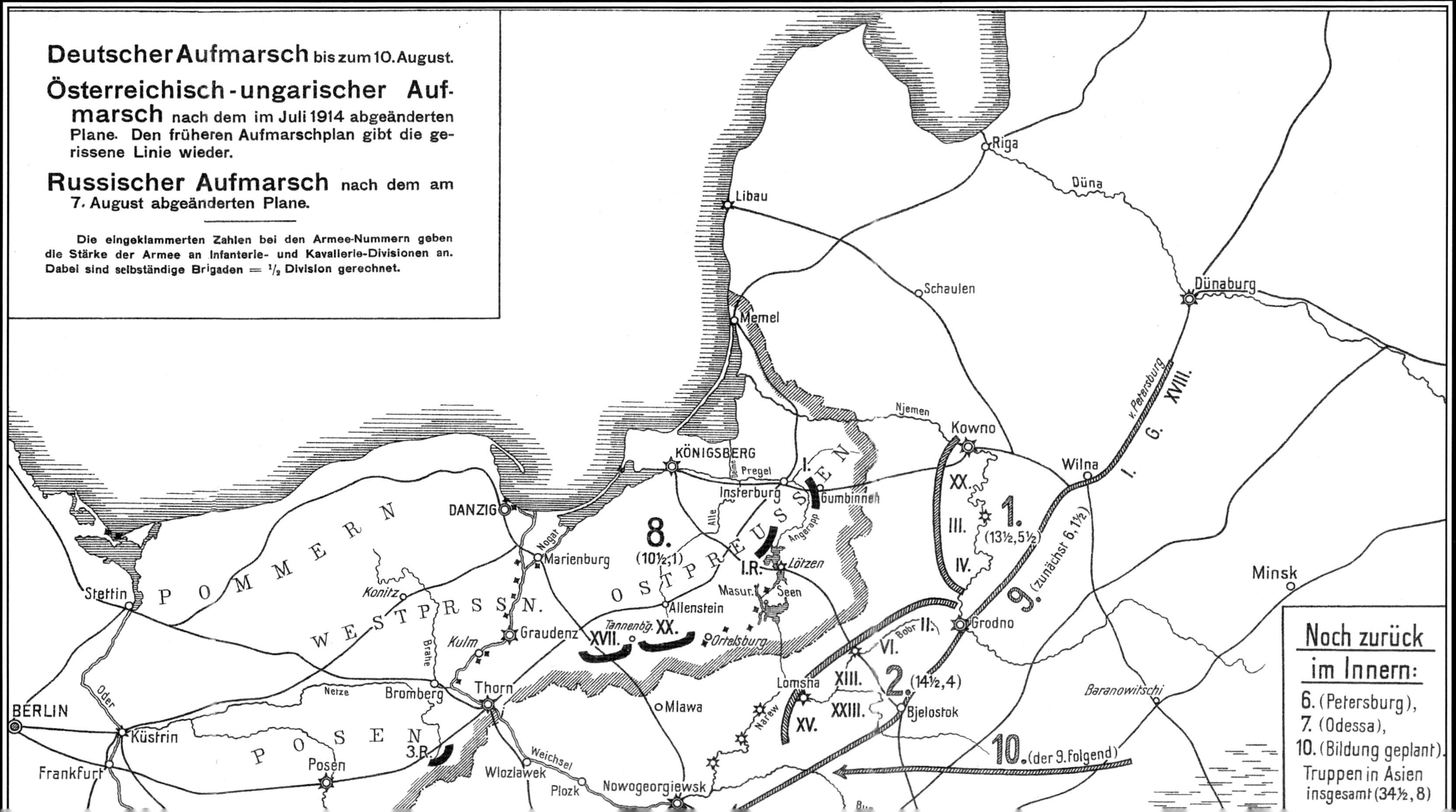

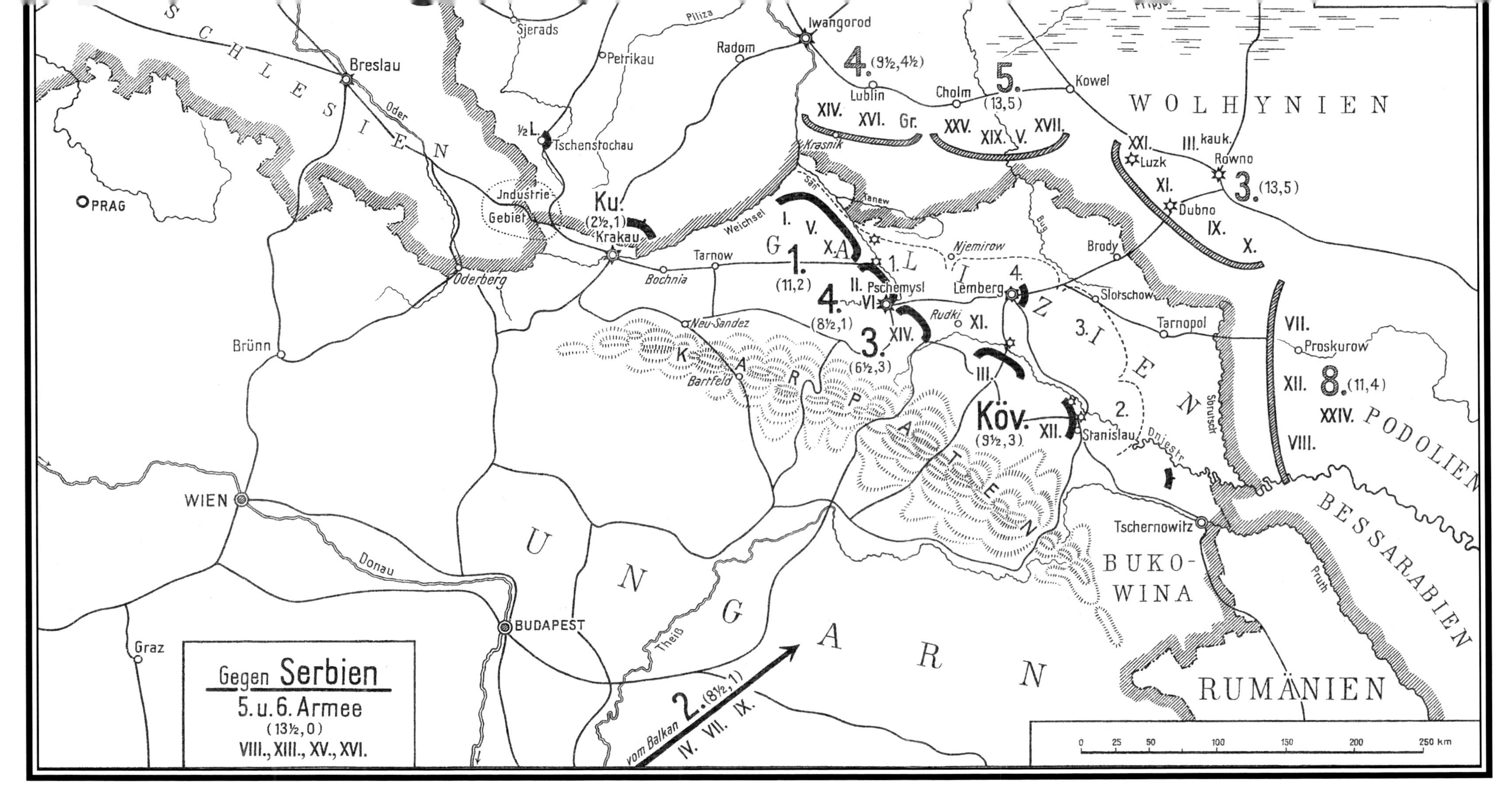
Gegen Serbien
5. u. 6. Armee
(13½, 0)
VIII., XIII., XV., XVI.
SCHLESIEN
Breslau
Oder
PRAG
Brünn
WIEN
Donau
Graz
BUDAPEST
Theiß
UNGARN
vom Balkan 2. (8½, 1) IV. VII. IX.
Sjerads
Petrikau
Pilica
Radom
Iwangorod
Tschenstochau
½ L.
Jndustrie-Gebiet
Ku. (2½, 1)
Krakau
Oderberg
Weichsel
Tarnow
Bochnia
Neu-Sandez
Bartfeld
KARPATHEN
GALIZIEN
1. (11,2)
I. V. X. A.
1. L.
Krasnik
San
Tanew
Njemirow
II. Pschemysl
4. (8½, 1)
VI.
3. (6½, 3)
XIV.
Rudki
XI.
III.
Köv. (9½, 3)
XII.
Lemberg
4.
3. I
2.
Stanislau
Dnjestr
Slotschow
Tarnopol
Brody
Bug
Sbrutsch
4. (9½, 4½)
Lublin
XIV. XVI. Gr.
Cholm
5. (13,5)
XXV. XIX. V. XVII.
Kowel
WOLHYNIEN
XXI. Luzk
III. kauk.
Rowno
3. (13,5)
XI.
Dubno
IX. X.
VII.
Proskurow
XII. 8. (11,4)
XXIV.
VIII.
PODOLIEN
BESSARABIEN
Tschernowitz
BUKO-WINA
Pruth
RUMÄNIEN
0 25 50 100 150 200 250 km

Skizze 1. Lage im Osten

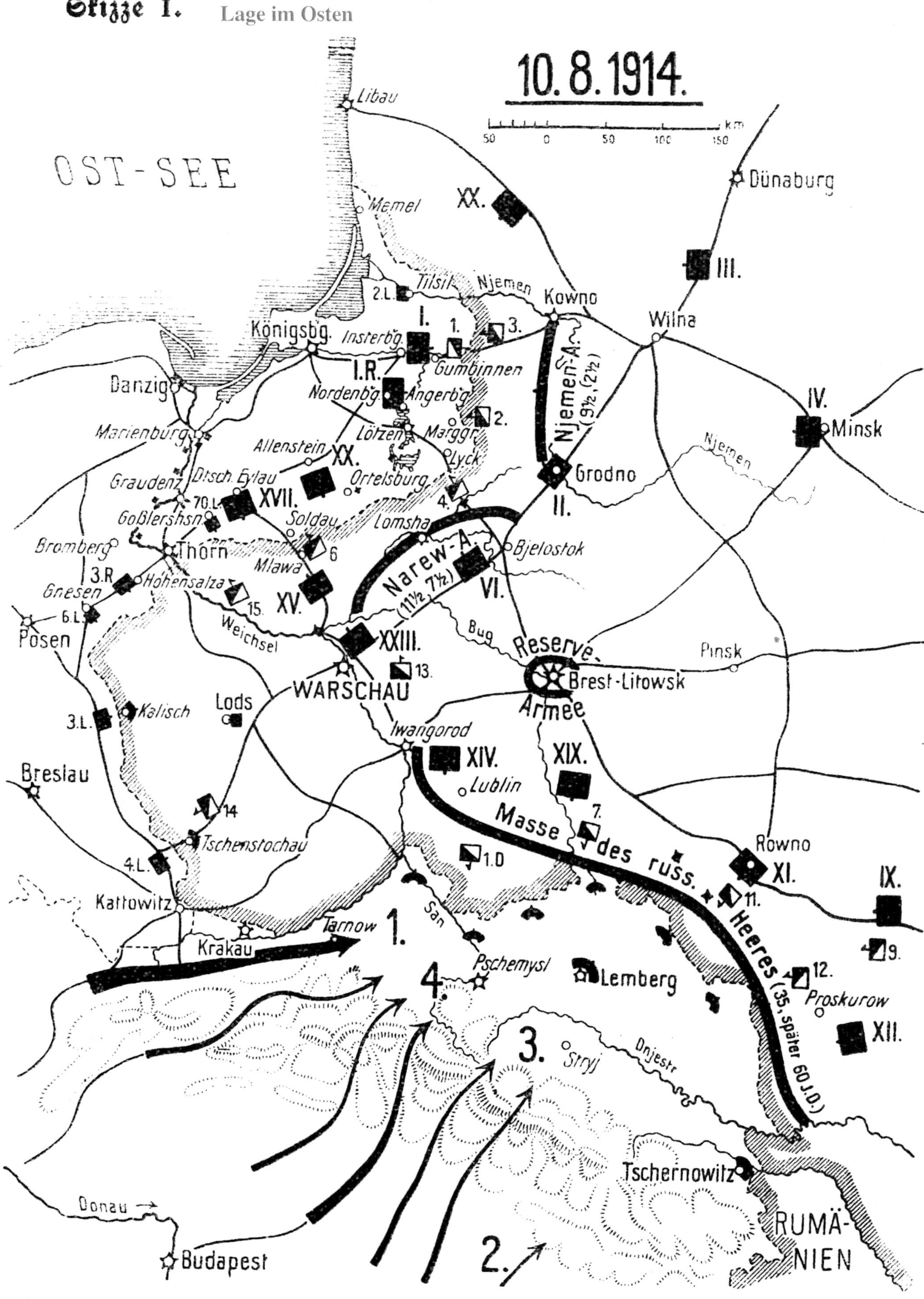

Erläuterung:

Deutsche: Erste Bereitstellung der deutschen Oststreitkräfte.

Österreicher und Ungarn: Grenzschutz und Aufmarsch. (Die Stärke der Pfeile gibt die Leistungsfähigkeit der Transportlinien an.)

Russen: Friedensverteilung der russischen Streitkräfte und vermuteter russischer Aufmarsch. (1. D. = 1. Don-Kosaken-Division.)

Skizze 2. Lage im Osten

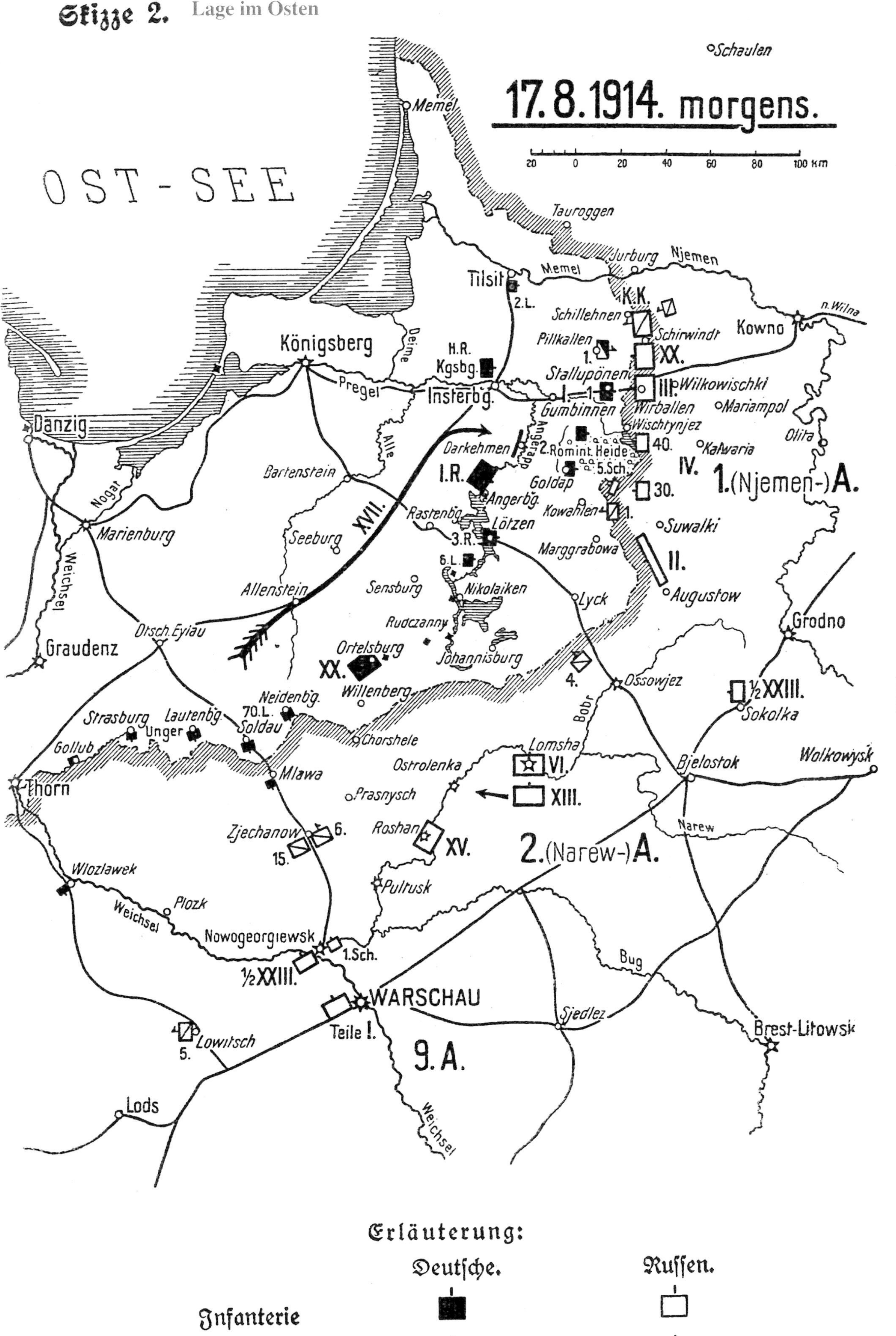

Skizze 3.

Gefecht bei Stallupönen

am 17. 8. 1914

Schorellener Forst
v. Tilsit
Schillehnen
1. u. 2. G.
2. u. 3.
Willuhnen
1.
Schirwindt
28.
Wladislawow
Pillkallen
Kussen
Jentkutkampen
29.
XX.
Tarpupönen
n. Kowno
Degesen
Bilderweitschen
Kattenau
1.
Wilkowischki
Eydtkuhnen
25.
Stallupönen
Kibarty
Kerrin
Wirballen
Skarullen
1.
III.
Göritten
Milluhnen
Gumbinnen
Pötschlauken
27.
Dopönen
I.
Enzuhnen
Wicknaweitschen
Pillupönen
Kassuben
Dumbeln
Wischtynjez
Tollmingkehmen
Mehlkehmen
½2.
40
Szittkehmen
Romintensche Heide
IV.
Goldap
Dubeningken
30.
Pscherost

Erläuterung:

Deutsche: Russen:

Jnf. / Kav. — Lage 7° Vorm. u. Bewegungen.

Jnf. / Kav. — Lage am Abend.

Die Eintragung der Korps- u. Div.-Nummern bezieht sich nur auf die Zeit von 7° Vorm.

5 0 5 10 km

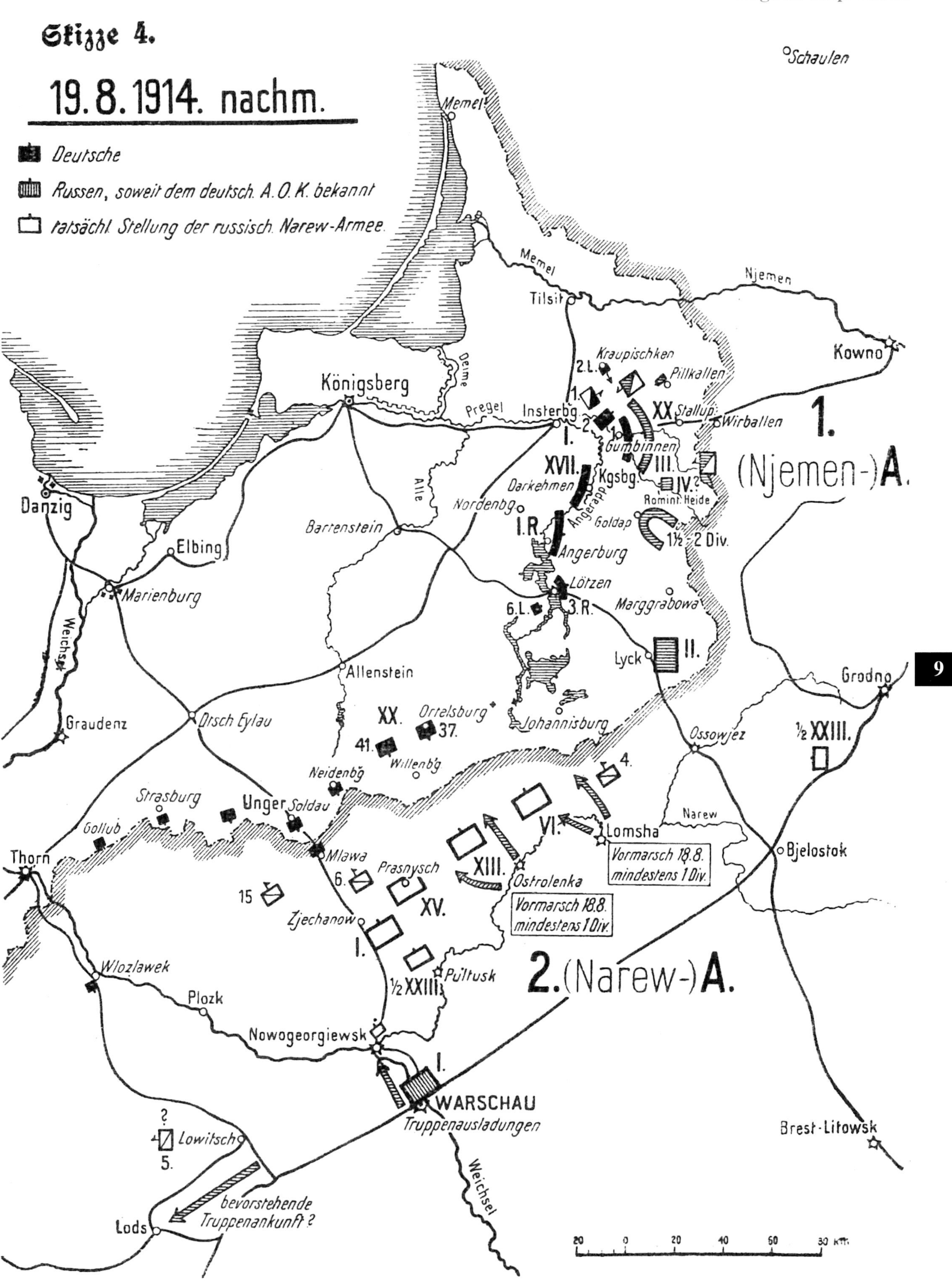
Skizze 4.
19.8.1914. nachm.
Deutsche
Russen, soweit dem deutsch. A.O.K. bekannt
tatsächl. Stellung der russisch. Narew-Armee
Schaulen
Memel
Memel
Njemen
Tilsit
Kowno
Kraupischken
Pillkallen
Königsberg
Deime
Pregel
Insterbg.
Stallup.
Wirballen
Gumbinnen
1. (Njemen-)A.
Danzig
Alle
Darkehmen
Kgsbg.
Nordenbg.
Rominl. Heide
Angerapp
Goldap
1½-2 Div.
Barrenstein
Elbing
Angerburg
Marienburg
Lötzen
Marggrabowa
Weichsel
Lyck
Allenstein
Grodno
Graudenz
Dtsch Eylau
Ortelsburg
Johannisburg
Ossowjez
½ XXIII.
Willenbg.
Neidenbg.
Strasburg
Unger
Soldau
Narew
Gollub
Lomsha
Thorn
Mlawa
Bjelostok
Prasnysch
Vormarsch 18.8. mindestens 1 Div.
Ostrolenka
Vormarsch 18.8. mindestens 1 Div.
Zjechanow
Wlozlawek
Pultusk
2. (Narew-) A.
Plozk
Nowogeorgiewsk
WARSCHAU
Truppenausladungen
Brest-Litowsk
Lowitsch
Weichsel
bevorstehende Truppenankunft?
Lods
20 0 20 40 60 80 km.

Schlacht b

am 20

Zu: „Der Weltkrieg 1914—1918. Zweiter Band.

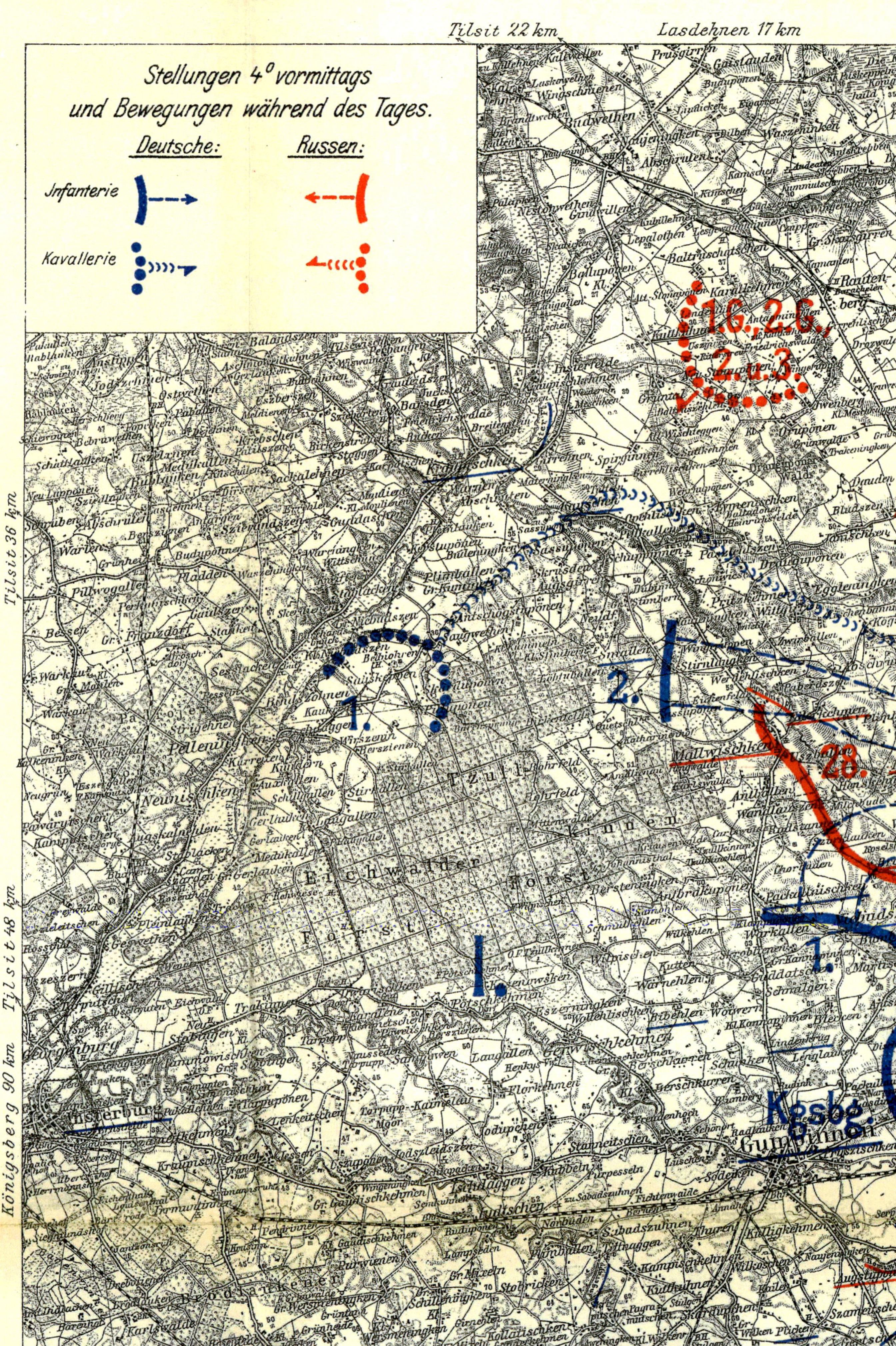

10

Gumbinnen

t 1914.

Karte 2.

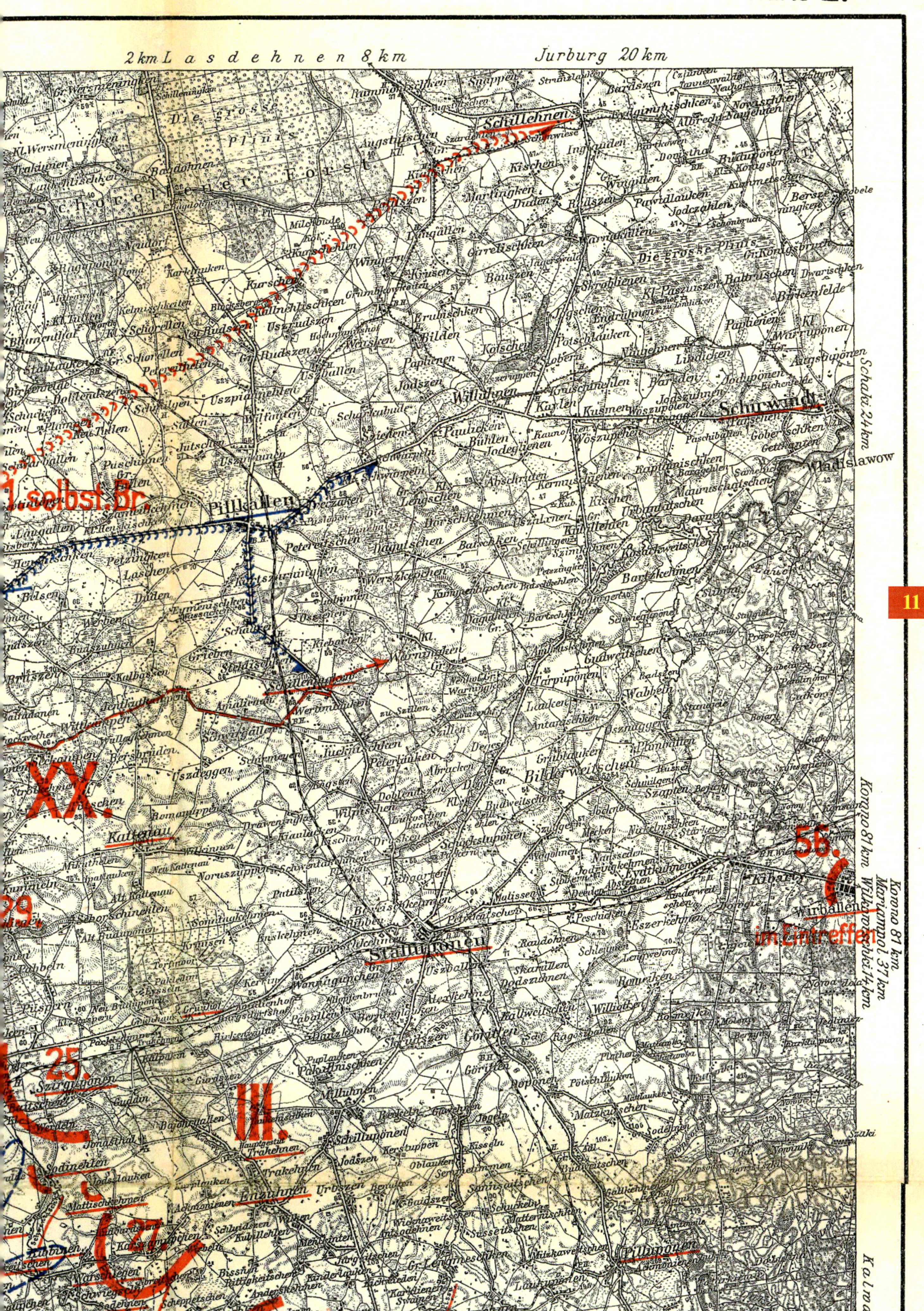

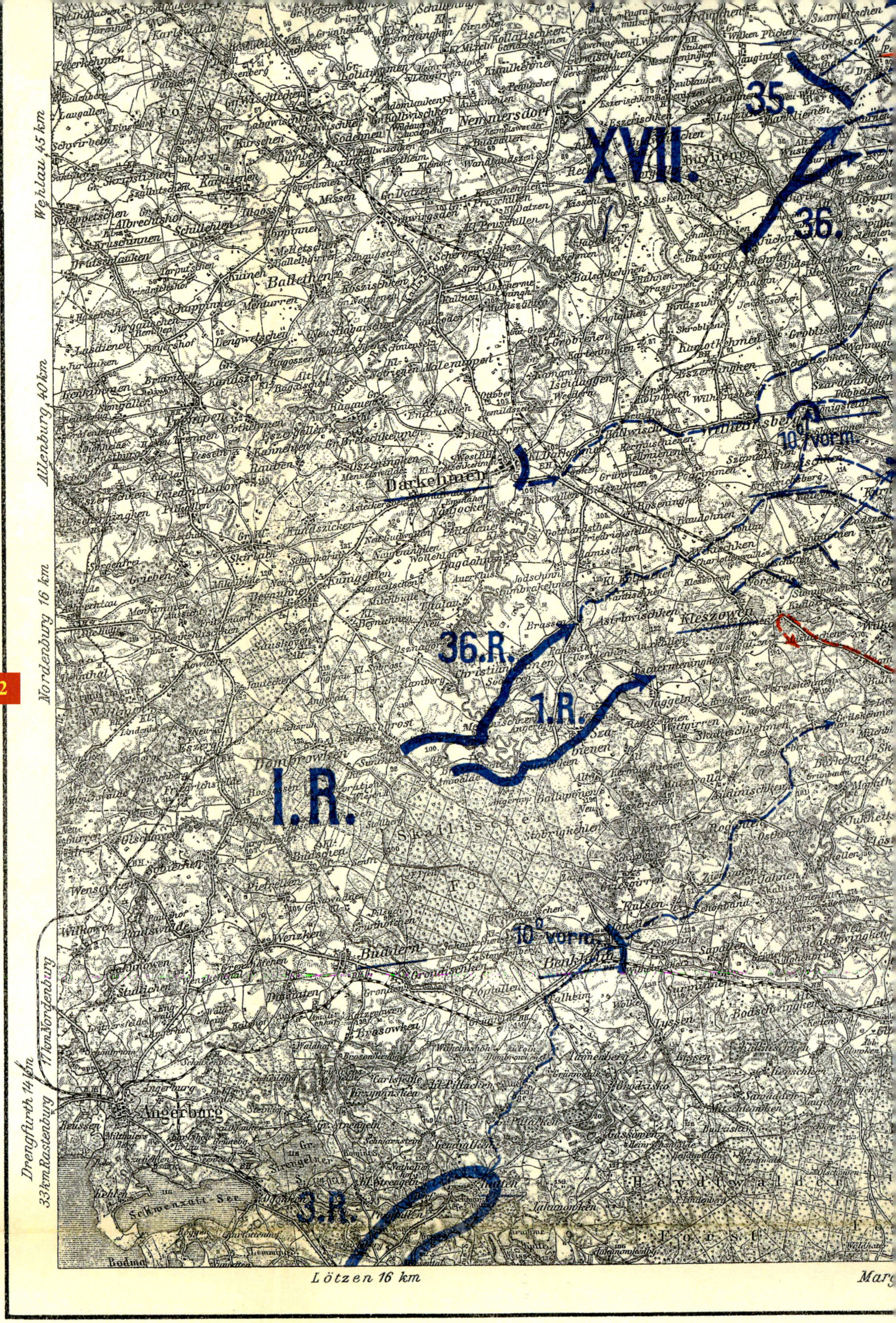

12

XVII.

35.

36.

36.R.

1.R.

I.R.

3.R.

10h vorm.

Darkehmen

Angerburg

Benkheim

Budern

Wehlau 45 km

Allenburg 40 km

Nordenburg 16 km

Drengfurth 14 km

33 km Rastenburg

17 km Nordenburg

Lötzen 16 km

Marg

Sonderdruck, hergestellt im Reichsamt für Landesaufnahme, Berlin 1924.

Verlegt bei E. S. Mittler & Sohn, Berlin.

Maßstab 1:20

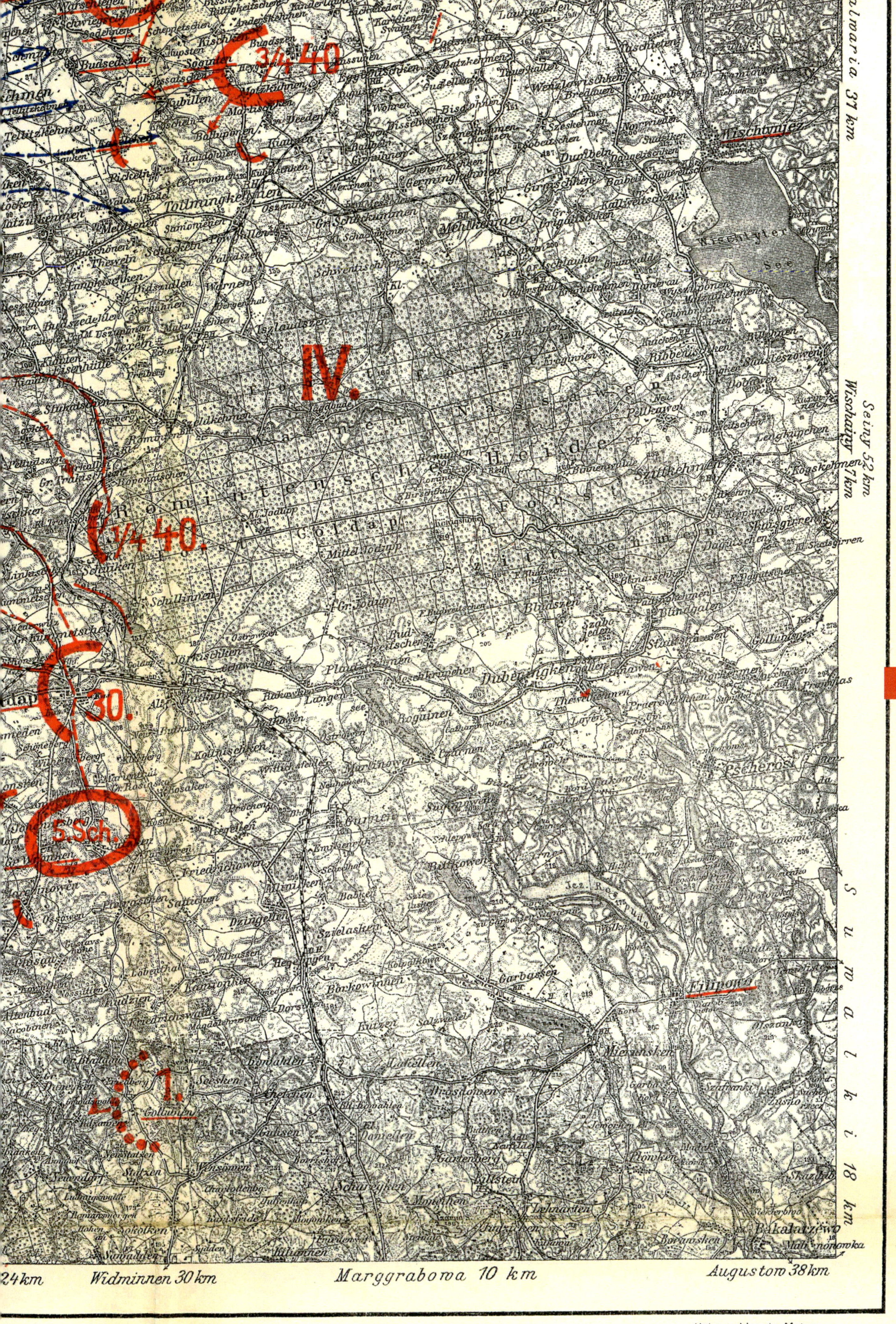

Höhenzahlen in Metern.

atürl. Länge.

Kilometer.

Schlacht bei Gumbinnen.

Der Rückzugsentschluß am 20. August 1914 abends.

Karte 3.

Zu: „Der Weltkrieg 1914–1918." Zweiter Band.

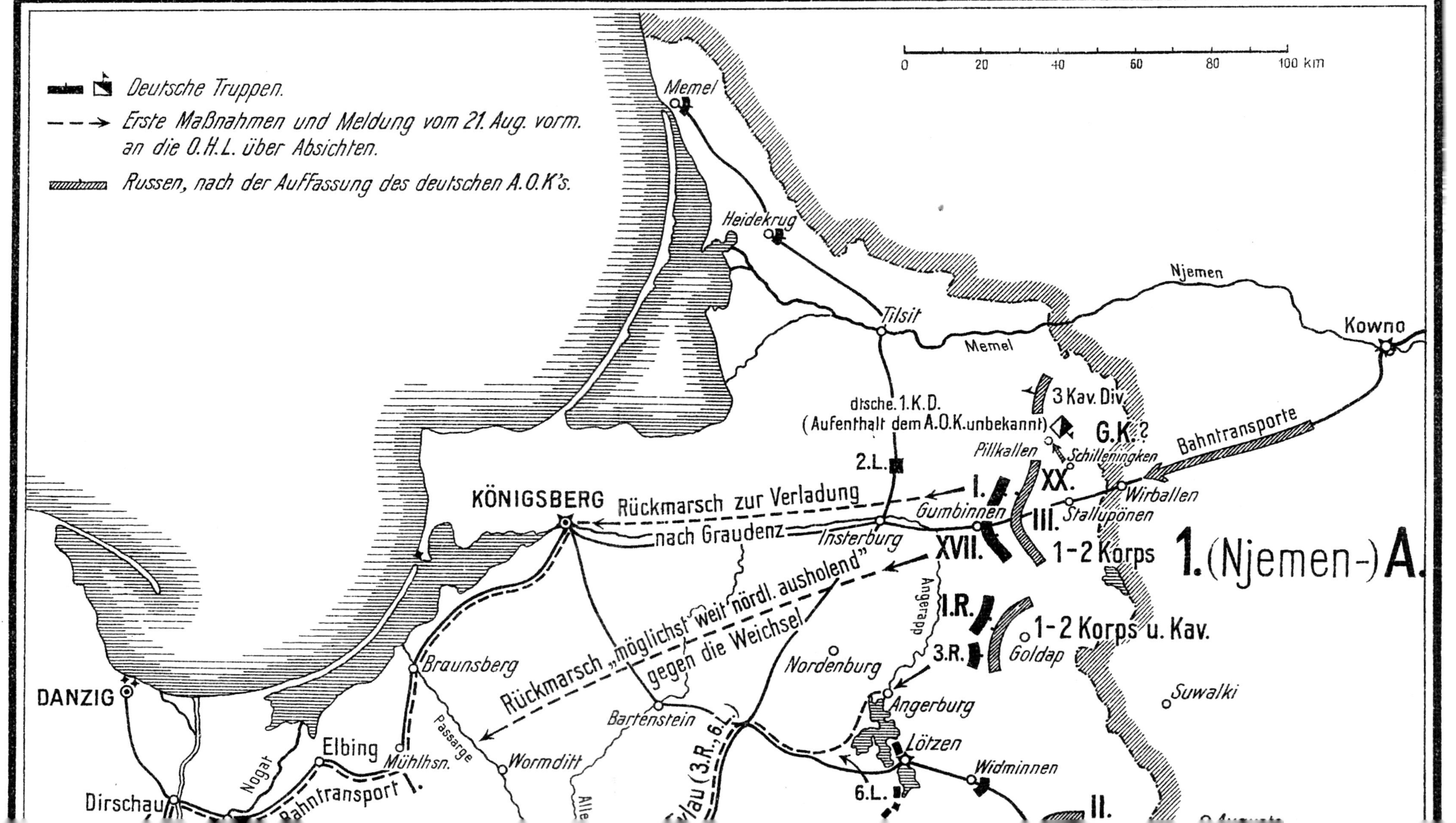

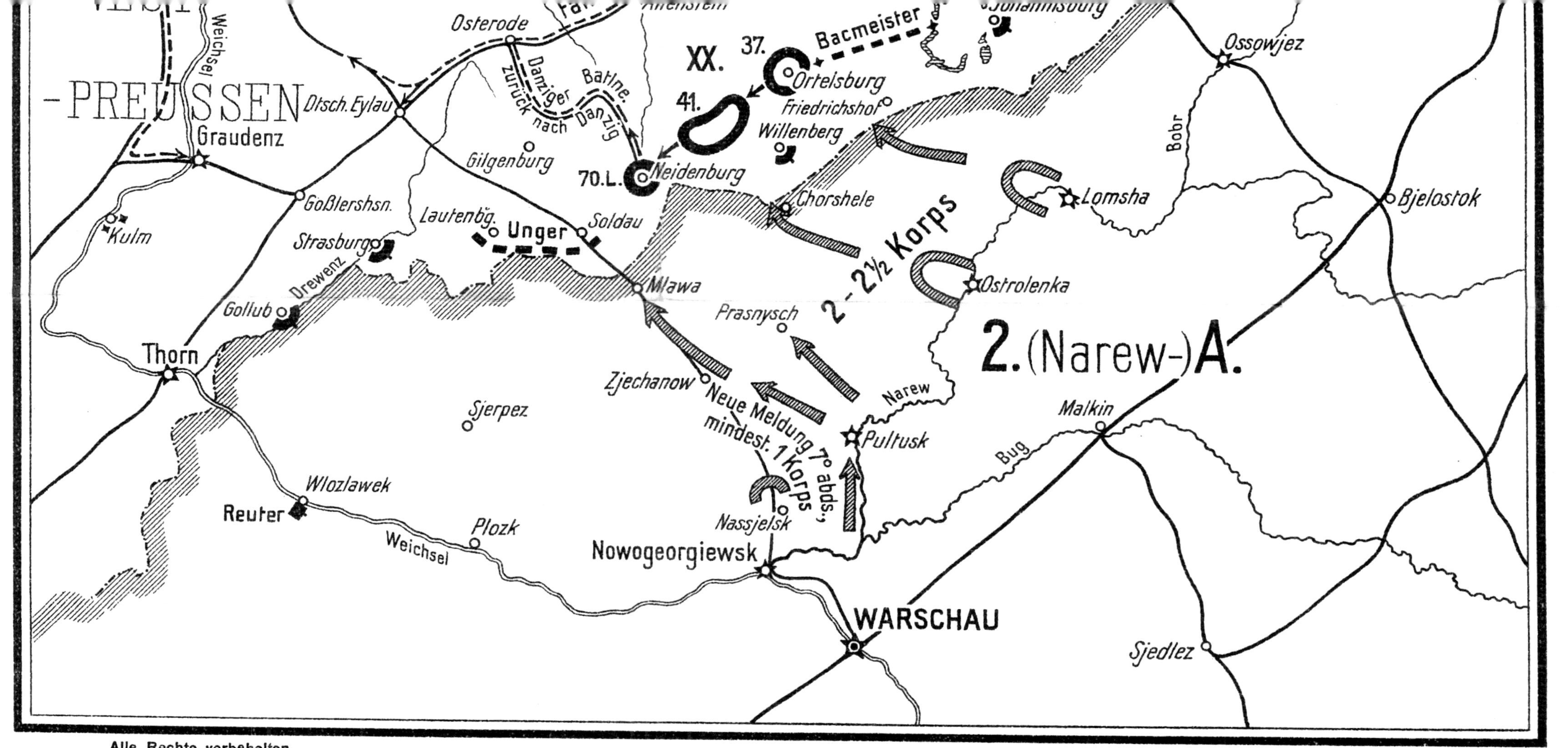

Verlegt bei E. S. Mittler & Sohn, Berlin

Druck Jul. Straube, Berlin W.57.

Schlacht bei Tannenberg.

Lage in Ostpreußen beim Eintreffen des Generals von Hindenburg am 23. August 1914 nachmittags.

Zu: „Der Weltkrieg 1914–1918." Zweiter Band.

Karte 4.

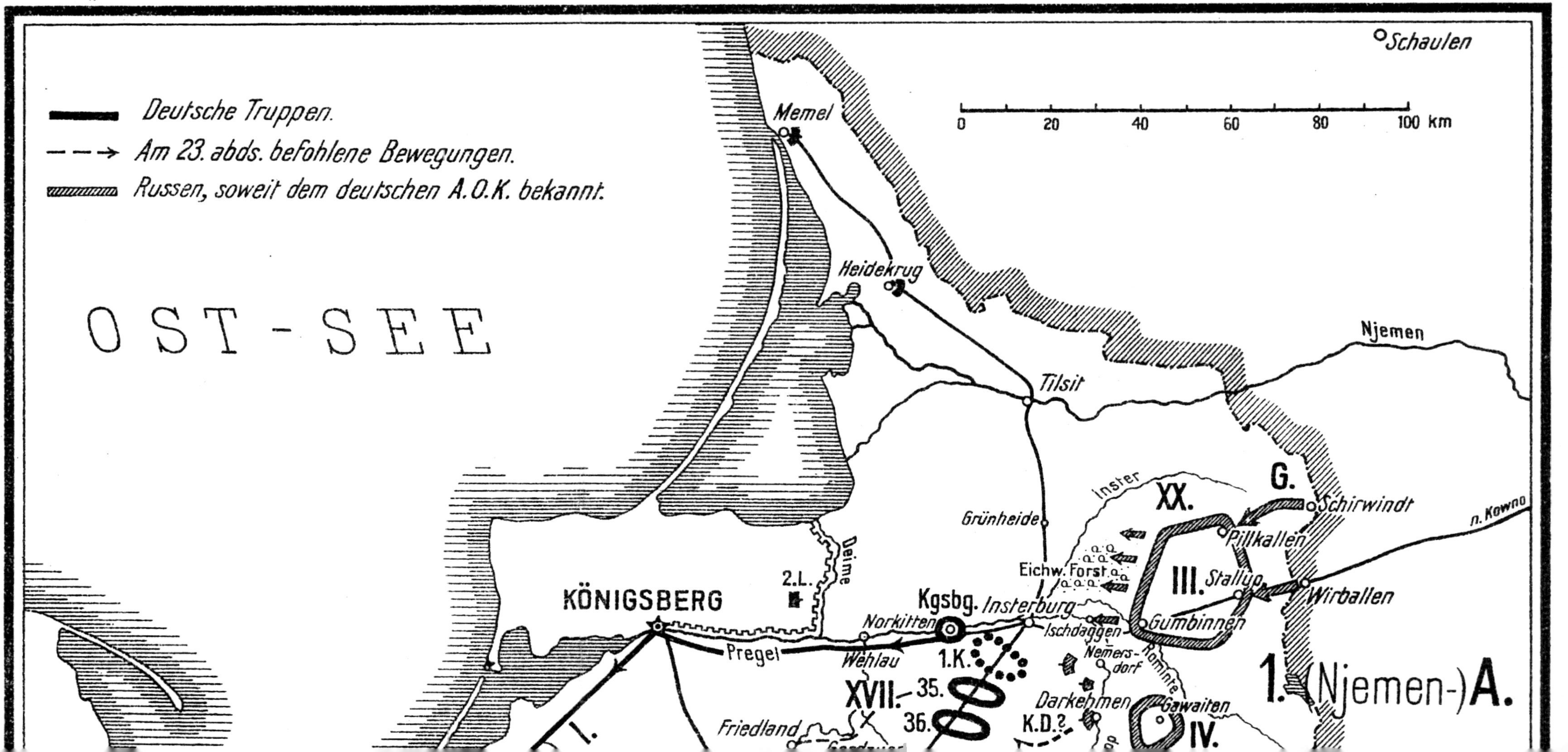

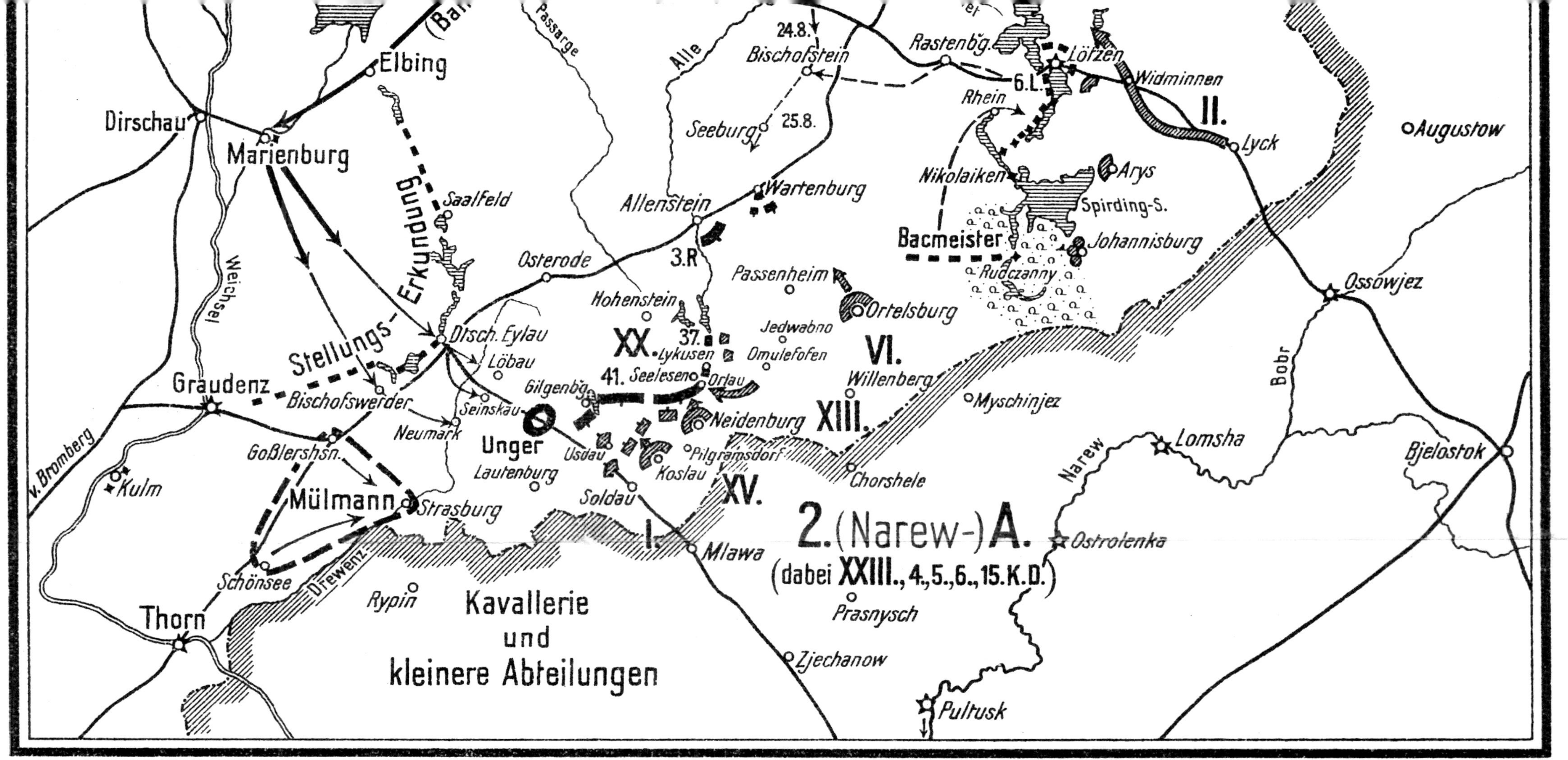

Verlegt bei E. S. Mittler & Sohn, Berlin

Druck Jul. Straube, Berlin W. 57.

Skizze 5.

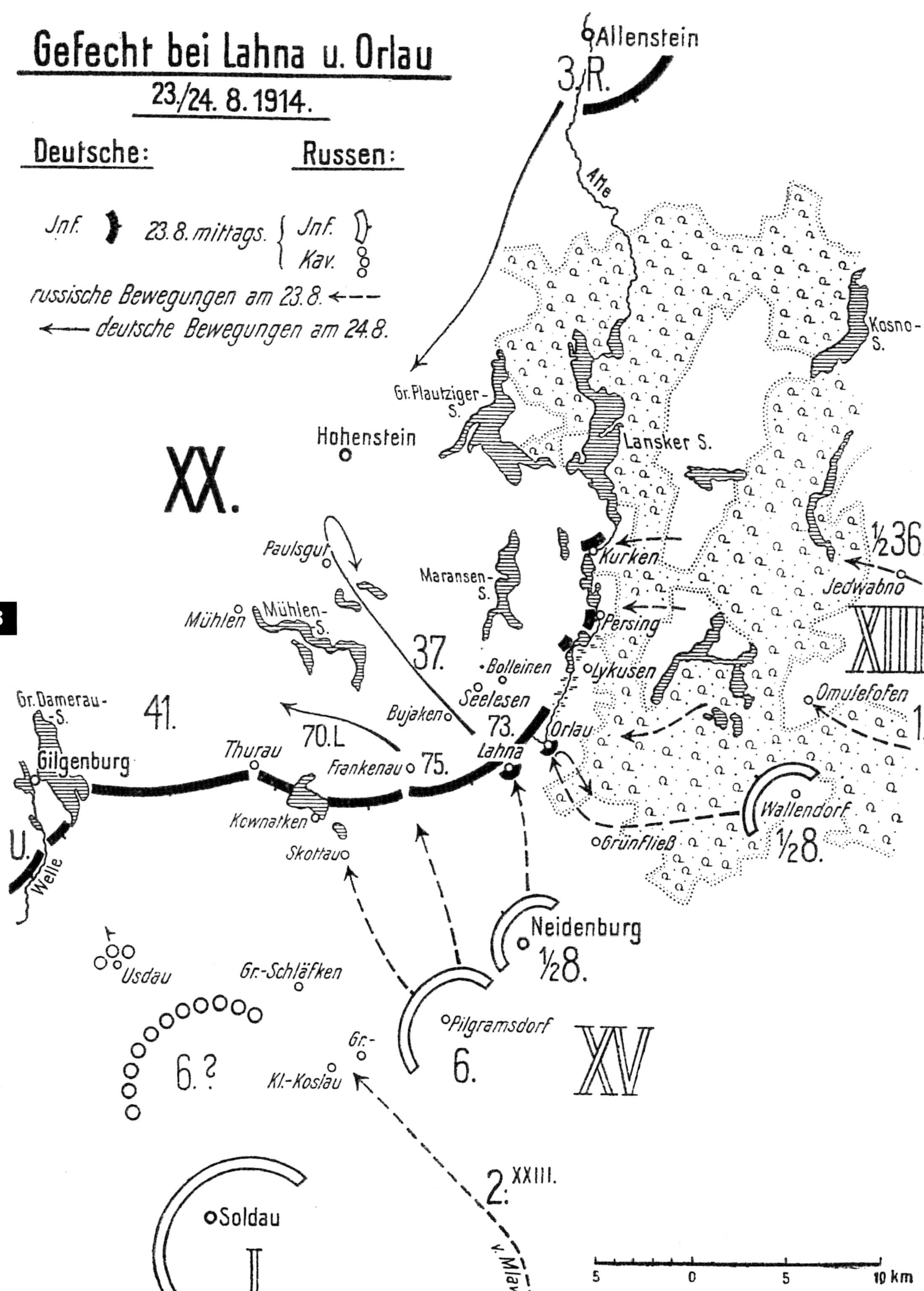

Gefecht bei Lahna u. Orlau
23./24. 8. 1914.
Deutsche:
Russen:
Jnf.
23.8. mittags.
Jnf.
Kav.
russische Bewegungen am 23.8.
deutsche Bewegungen am 24.8.
Allenstein
3.R.
Alle
Kosno-S.
Gr. Plautziger-S.
Hohenstein
Lansker S.
XX.
½36.
Paulsgut
Kurken
Maransen-S.
Jedwabno
Mühlen
Mühlen-S.
Persing
XIII.
37.
Bolleinen
Lykusen
Omulefofen
Gr. Damerau-S.
41.
Seelesen
Bujaken
73.
1.
70.L
Orlau
Thurau
Lahna
Gilgenburg
Frankenau
75.
Wallendorf
Kownatken
U.
Grünfließ
½8.
Skottau
Welle
Neidenburg
½8.
Usdau
Gr.-Schläfken
Pilgramsdorf
Gr.-
XV
6.?
Kl.-Koslau
6.
2. XXIII.
Soldau
v. Mlawa
I.
5
0
5
10 km

Skizze 6. Lage der Westgruppe

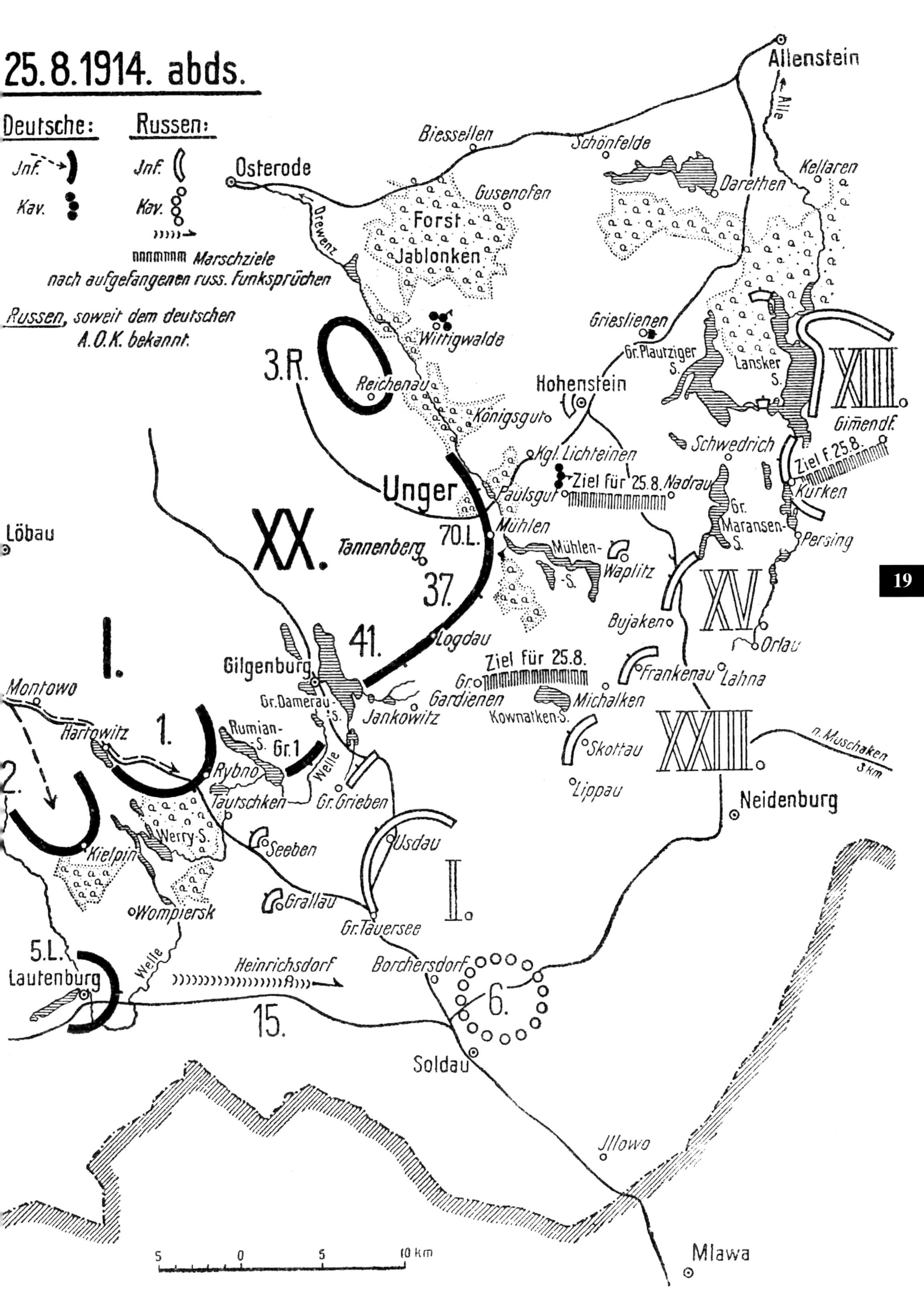

Karte 5.

Schlacht bei Tannenberg (Vorabend der Schlacht)

Lage in Ostpreußen am 25. August 1914 abends.

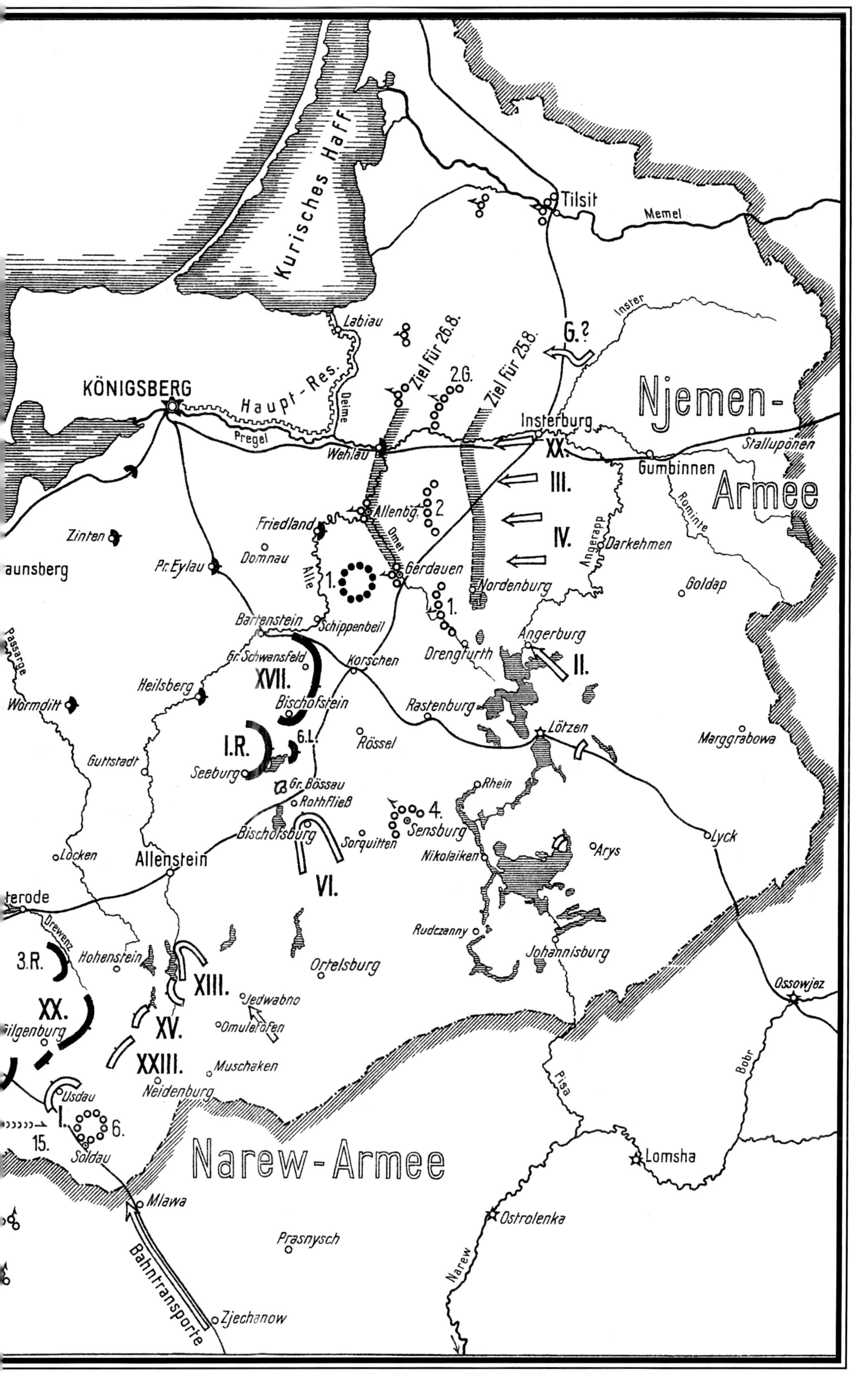

Kurisches Haff
Tilsit
Memel
Inster
Labiau
Ziel für 26.8.
2.G.
Ziel für 25.8.
G.?
KÖNIGSBERG
Haupt-Res.
Deime
Pregel
Wehlau
Insterburg
Njemen-
Armee
Stallupönen
XX.
Gumbinnen
III.
IV.
Allenbg.
2
Friedland
Omet
Angerapp
Darkehmen
Rominte
Zinten
Domnau
Pr. Eylau
Alle
1.
Gerdauen
Nordenburg
Goldap
Bartenstein
Schippenbeil
Passarge
Gr. Schwansfeld
Korschen
Drengfurth
Angerburg
II.
XVII.
Heilsberg
Wormditt
Bischofstein
Rastenburg
I.R.
6.L.
Rössel
Lötzen
Marggrabowa
Guttstadt
Seeburg
Gr. Bössau
Rothfließ
Rhein
4.
Sensburg
Bischofsburg
Sorquitten
Nikolaiken
Arys
Lyck
Locken
Allenstein
VI.
Drewenz
3.R.
Hohenstein
Rudczanny
Johannisburg
Ortelsburg
XIII.
Jedwabno
Ossowjez
XX.
Omulefofen
XV.
XXIII.
Muschaken
Pisa
Bobr
Usdau
Neidenburg
I.
6.
15.
Soldau
Narew-Armee
Lomsha
Mlawa
Ostrolenka
Prasnysch
Bahntransporte
Narew
Zjechanow

Skizze 7.

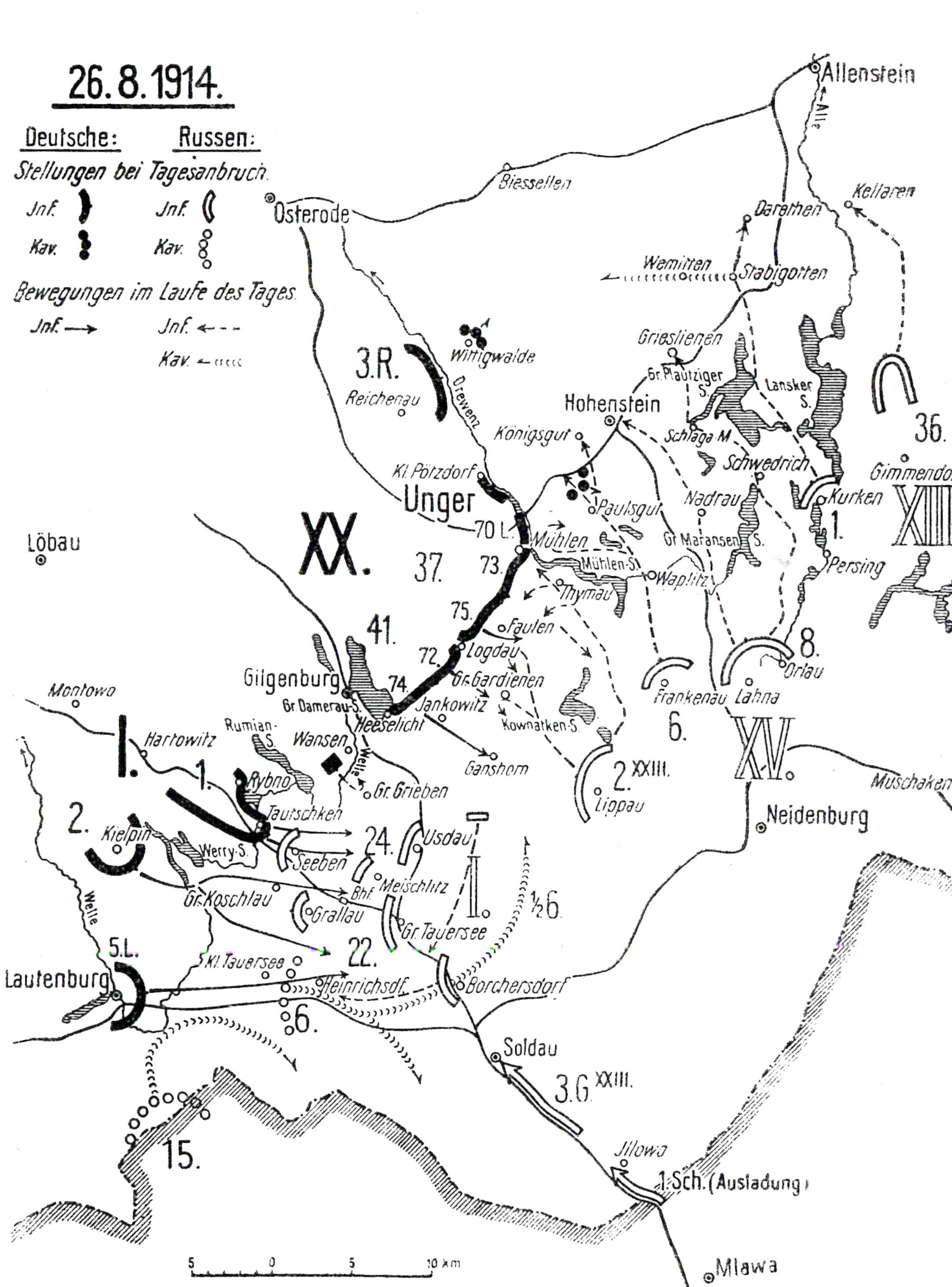
26. 8. 1914.
Deutsche:
Russen:
Stellungen bei Tagesanbruch.
Jnf.
Jnf.
Kav.
Kav.
Bewegungen im Laufe des Tages.
Jnf.
Jnf.
Kav.
Allenstein
Alle
Biessellen
Osterode
Kellaren
Darethen
Wemitten
Stabigotten
Wittigwalde
Griesliengen
Gr. Plautziger S.
Lansker S.
3.R.
Reichenau
Drewenz
Hohenstein
Königsgut
Schlaga M.
Schwedrich
36.
Gimmendo
Kl. Pötzdorf
Unger
Paulsgut
Nadrau
Kurken
XIII
70 L.
Mühlen
Gr. Maransen S.
1.
Löbau
XX.
37.
73.
Mühlen-S.
Waplitz
Persing
Thymau
75.
Faulen
41.
72.
Logdau
8.
Orlau
Gilgenburg
74.
Gr. Gardienen
Frankenau
Lahna
Montowo
Gr. Damerau-S.
Jankowitz
Heeselicht
Kownatken-S.
6.
Hartowitz
Rumian-S.
Wansen
XV.
I.
1.
Rybno
Welle
Ganshorn
2. XXIII.
Lippau
Muschaken
Gr. Grieben
Neidenburg
2.
Kielpin
Tautschken
Usdau
Werry-S.
Seeben
24.
Bhf.
Meischlitz
I.
½ 6
Gr. Koschlau
Grallau
Welle
Gr. Tauersee
5.L.
22.
Kl. Tauersee
Lautenburg
Heinrichsdf.
Borchersdorf
6.
Soldau
3.G. XXIII.
15.
Jilowo
1. Sch. (Ausladung)
Mlawa
5
0
5
10 km

22

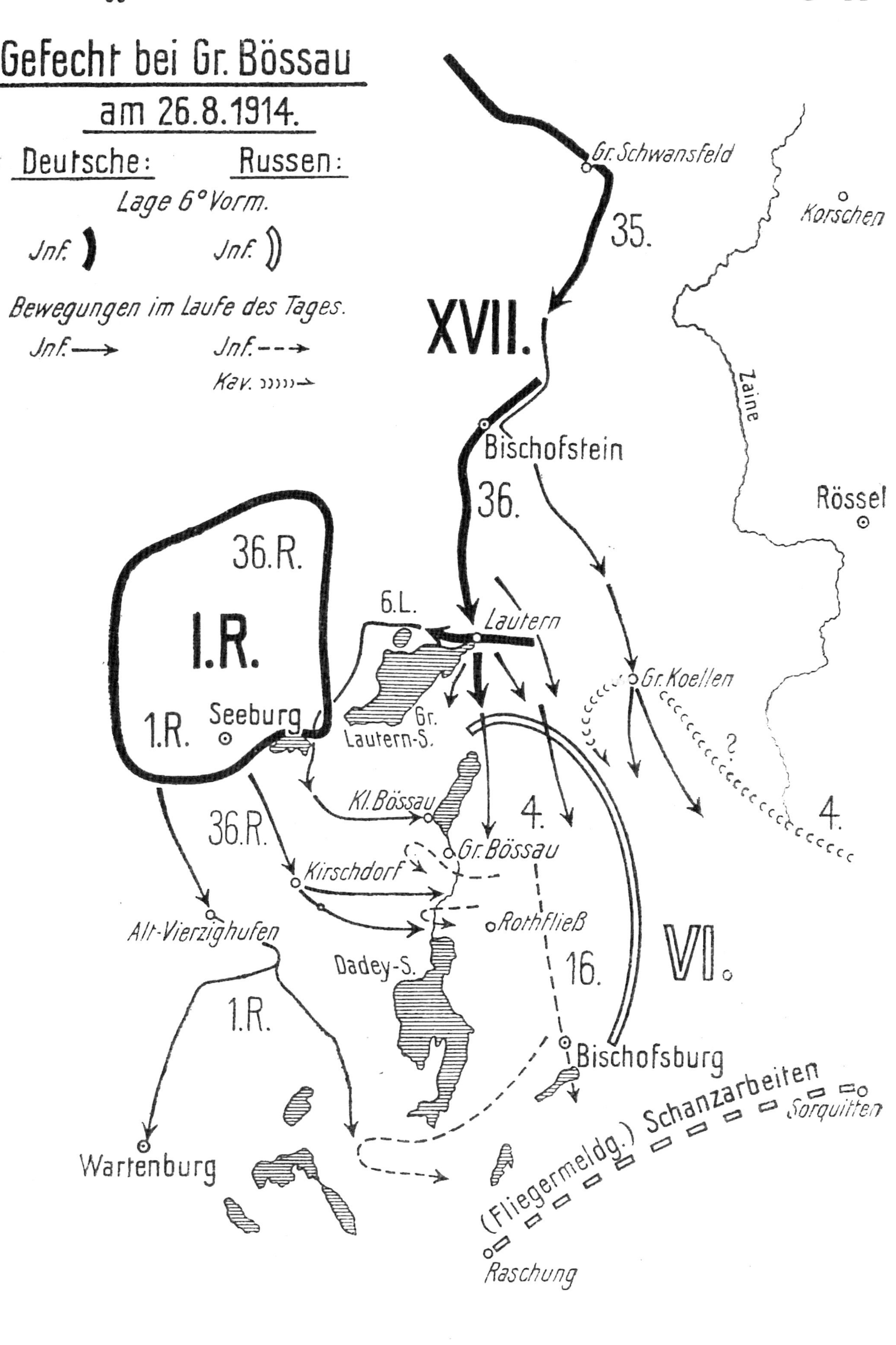
Skizze 8.
Gefecht bei Gr. Bössau
am 26.8.1914.
Deutsche:
Russen:
Lage 6° Vorm.
Jnf.
Jnf.
Bewegungen im Laufe des Tages.
Jnf.
Jnf.
Kav.
Bartenstein
Gr. Schwansfeld
Korschen
35.
XVII.
Zaine
Bischofstein
36.
Rössel
36.R.
I.R.
1.R.
Seeburg
6.L.
Lautern
Gr. Lautern-S.
Gr. Koellen
?
4.
Kl. Bössau
4.
36.R.
Gr. Bössau
Kirschdorf
Rothfließ
Alt-Vierzighufen
Dadey-S.
16.
VI.
1.R.
Bischofsburg
Schanzarbeiten
(Fliegermeldg.)
Sorquitten
Wartenburg
Raschung
Patricken
5
0
5
10 km

Schlacht bei

Angriff der deutschen W

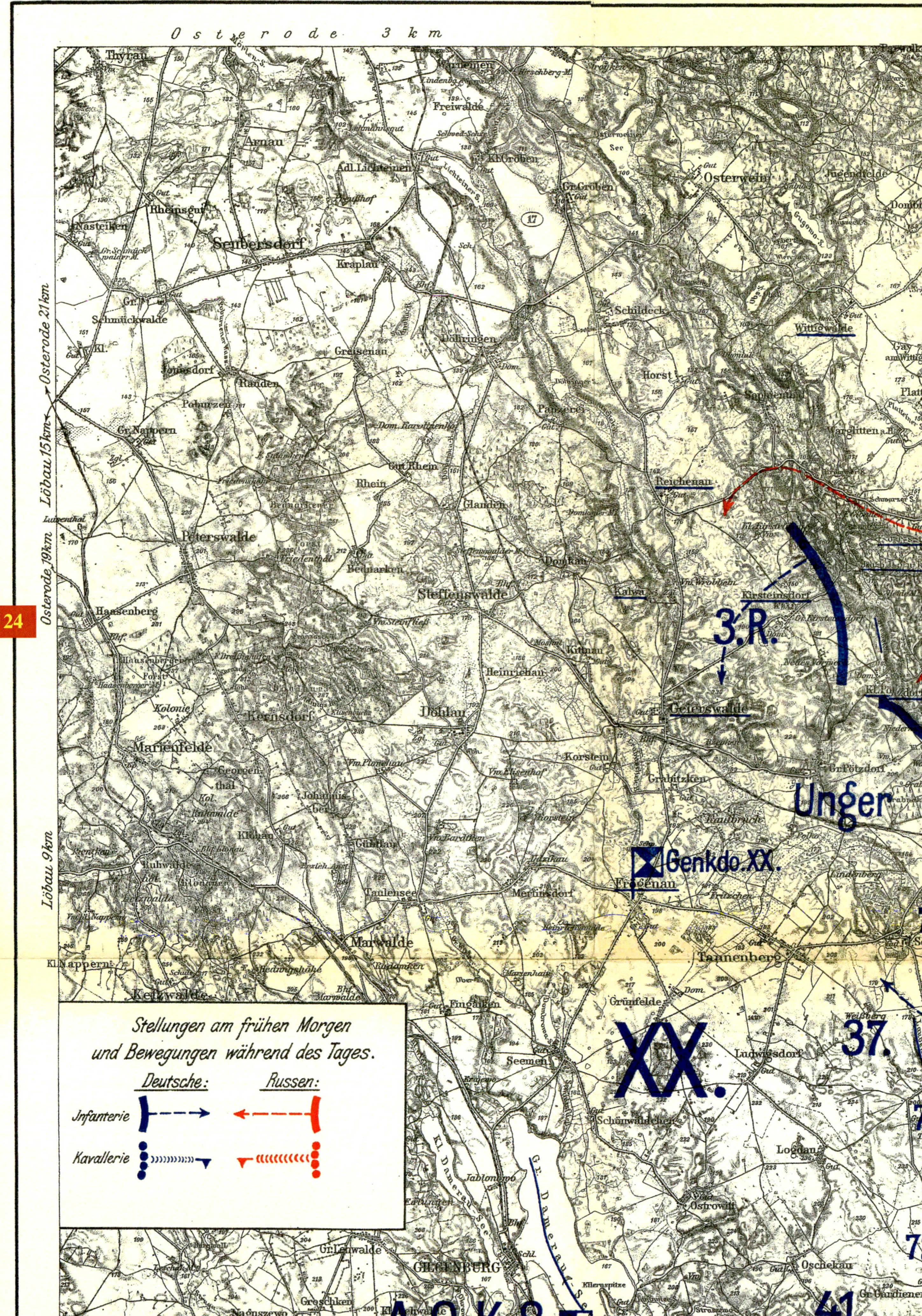

enberg (2. Tag)

pe am 27. August 1914.

Karte 6.

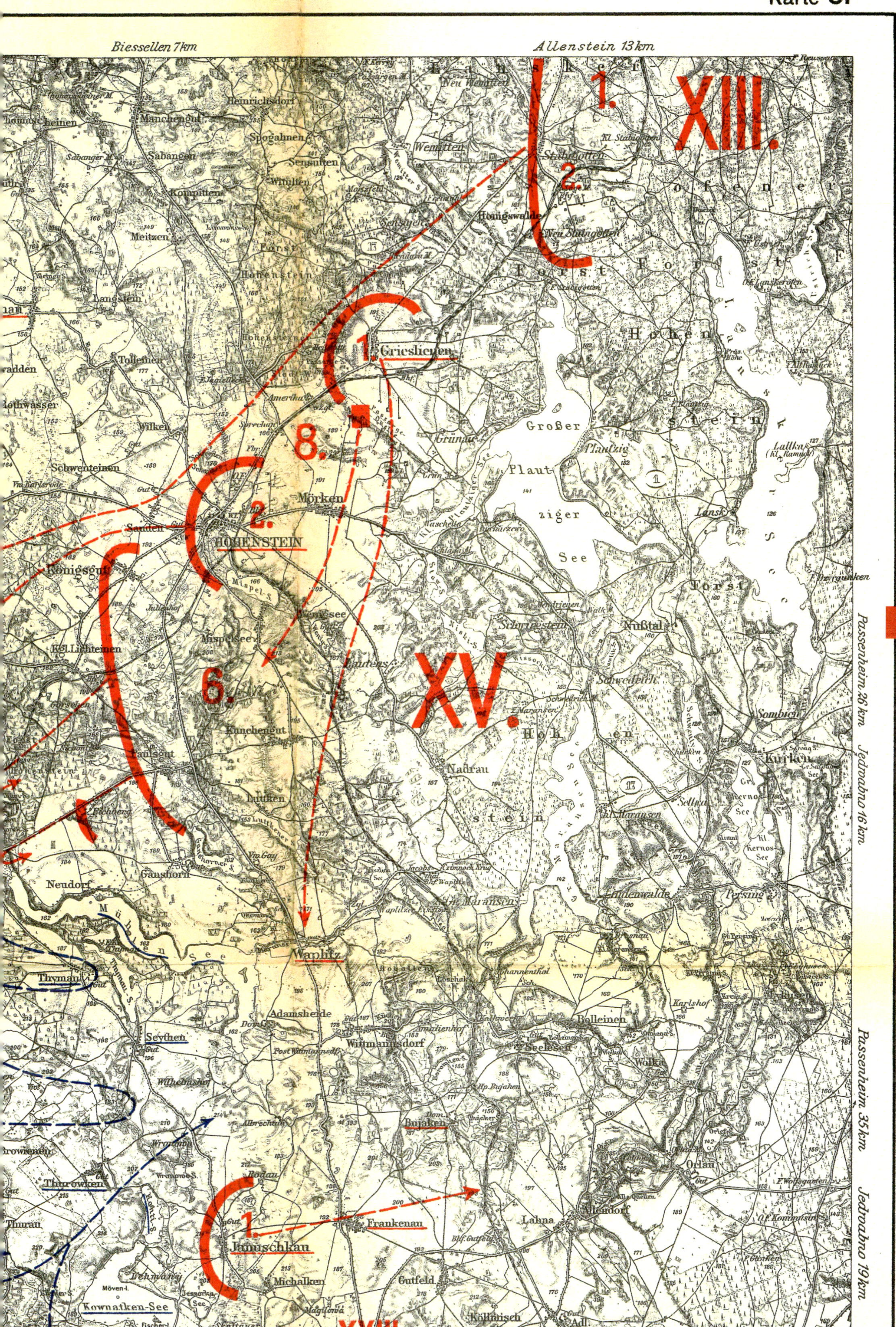

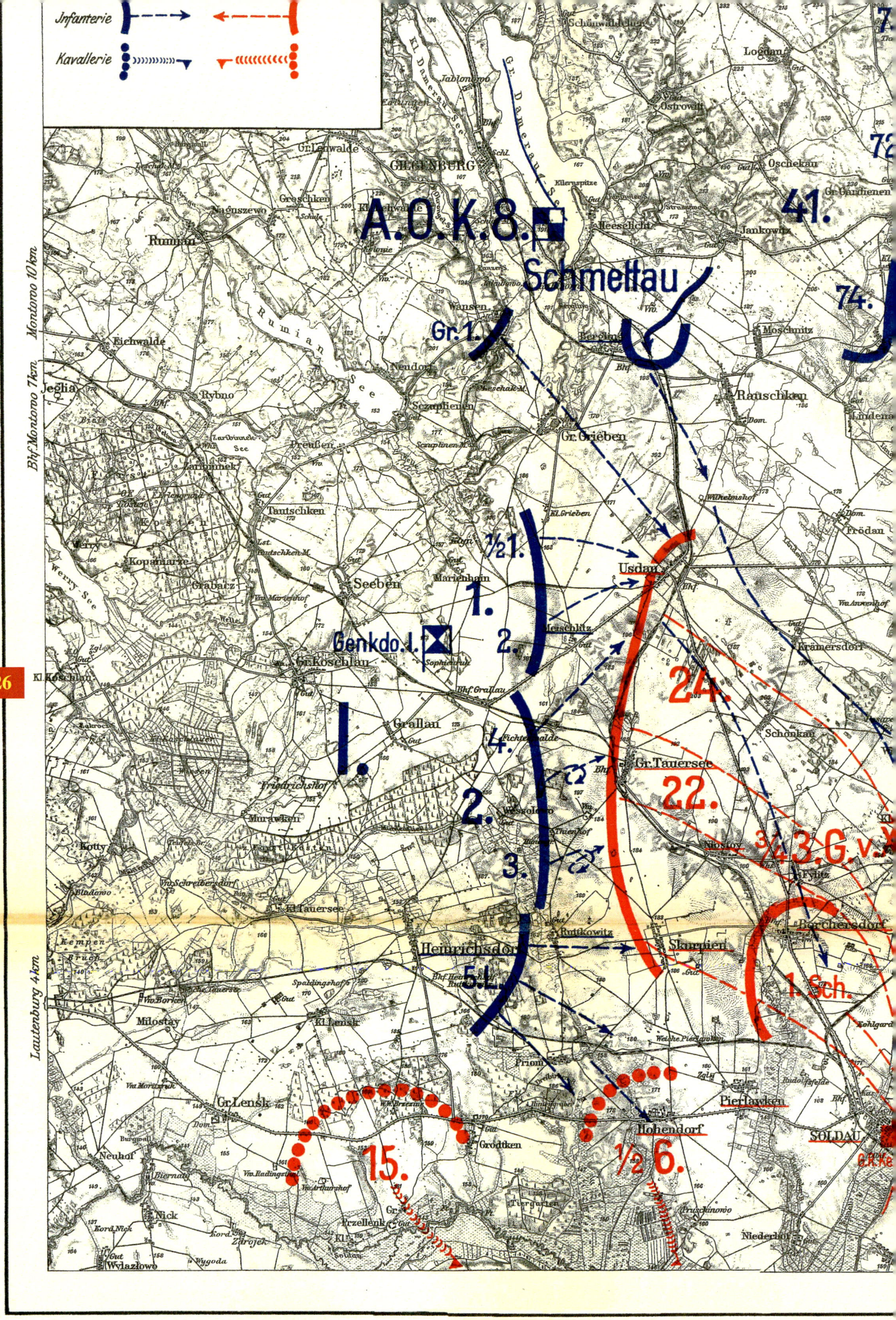

Infanterie

Kavallerie

Montowo 10 km

Bhf. Montowo 7 km

Lautenburg 4 km

26

A.O.K.8.

Schmettau

Gr. 1.

41.

72.

74.

½ 1.

1.

2.

Genkdo. I.

I.

4.

2.

3.

5.L.

24.

22.

¾ 3.G.v.X

1. Sch.

15.

½ 6.

Gilgenburg

Usdau

Gr. Tauersee

Skurpien

Borchersdorf

Heinrichsdorf

Hohendorf

Grodtken

Gr. Lensk

Pierlawken

Soldau

Rumian See

Sonderdruck, hergestellt im Reichsamt für Landesaufnahme, Berlin 1924.

Verlegt bei E. S. Mittler & Sohn, Berlin.

Maßstab

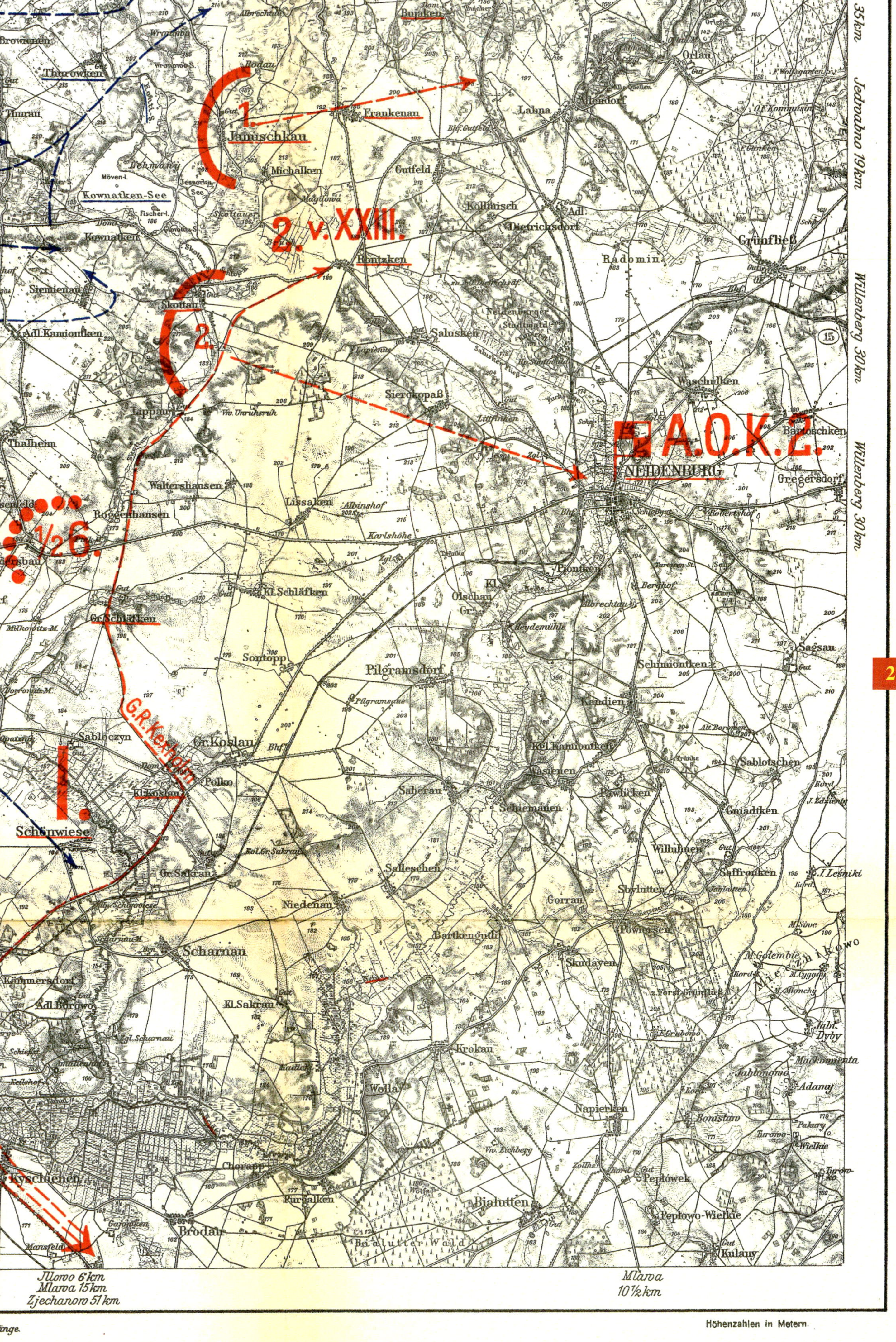
1.
Januschkau
Frankenau
Bujaken
Michalken
Gutfeld
Kölmisch
Dietrichsdorf
Lahna
Orlau
Grünfließ
Radomin
2. v. XXIII.
Rontzken
Kownatken-See
Kownatken
Thurowken
Thurau
Siemienau
Adl. Kamiontken
Skottau
2.
Salusken
Sierokopaß
Lippau
Thalheim
Waschulken
Bartoschken
A.O.K. 2.
NEIDENBURG
Gregersdorf
Waltershausen
Lissaken
Albinshof
Karlshöhe
Roggenhausen
½ 6.
Piontken
Kl. Schläfken
Gr. Schläfken
Sontopp
Pilgramsdorf
Schmiontken
Sagsan
Kandien
G.R. Kexholm
Gr. Koslau
Sabloczyn
Kl. Koslau
Polko
I.
Schönwiese
Saberau
Schiemanen
Sablotschen
Gniadken
Wilhelmen
Saffronken
Salleschen
Gr. Sakrau
Niedenau
Gorrau
Stylutten
Powiersen
Bartkenguth
Scharnau
Skudayen
Kämmersdorf
Adl. Borowo
Kl. Sakrau
Krokau
Wolla
Napierken
Chorapp
Purgalken
Bialutten
Peplowek
Peplowo-Wielkie
Kulany
Brodau
Jedwabno 19 km
Willenberg 30 km
Willenberg 30 km
Illowo 6 km
Mlawa 15 km
Zjechanow 51 km
Mlawa
10½ km
Höhenzahlen in Metern.

Schlacht bei Tannenberg (2. und 3. Tag)

Befehl zur Einkreisung der russischen Mitte vom 27. August 1914 abends.

Karte 7.

Zu: „Der Weltkrieg 1914—1918.“ Zweiter Band.

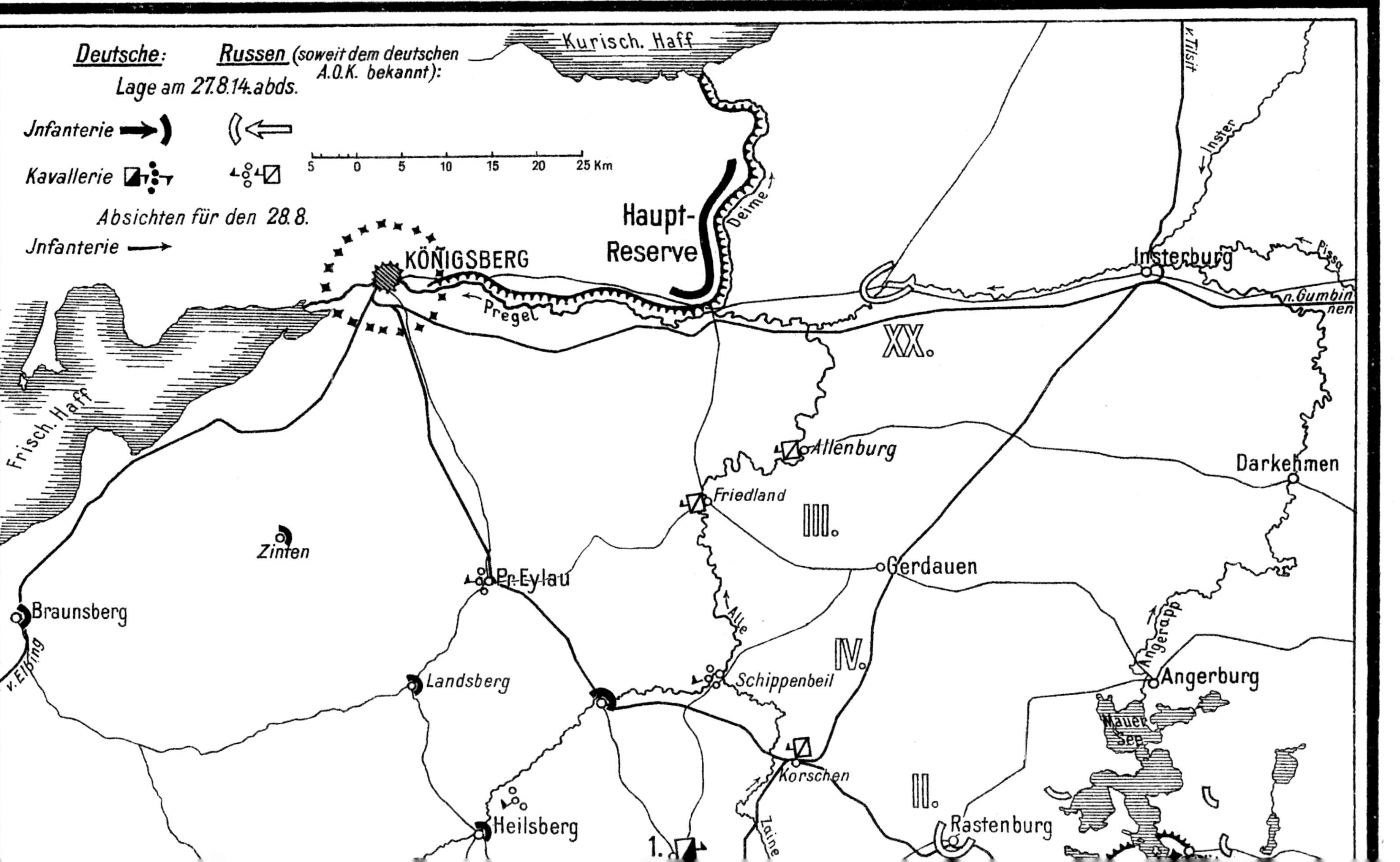

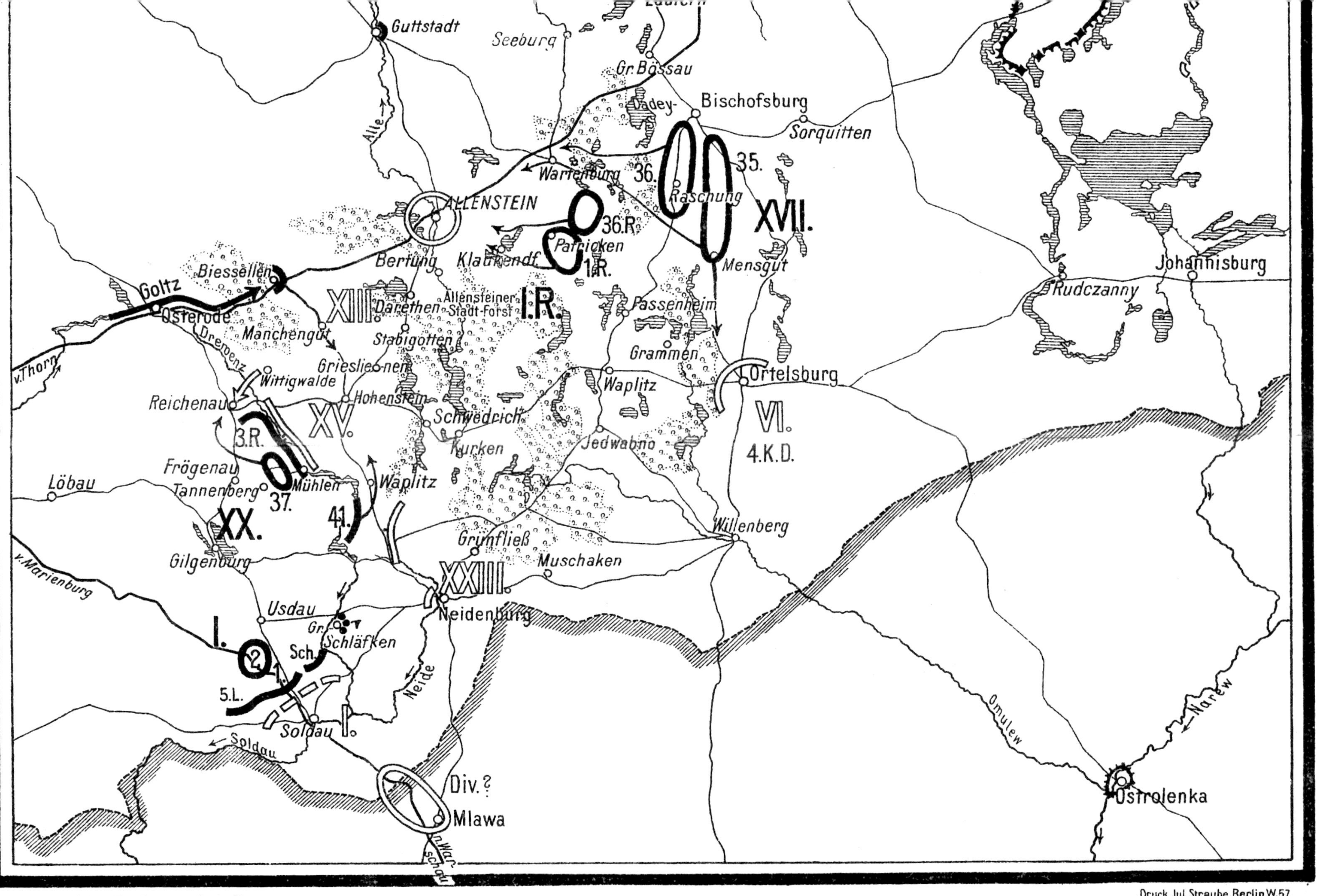

Druck Jul. Straube, Berlin W. 57.

Verlegt bei E. S. Mittler & Sohn, Berlin.

Sc

K

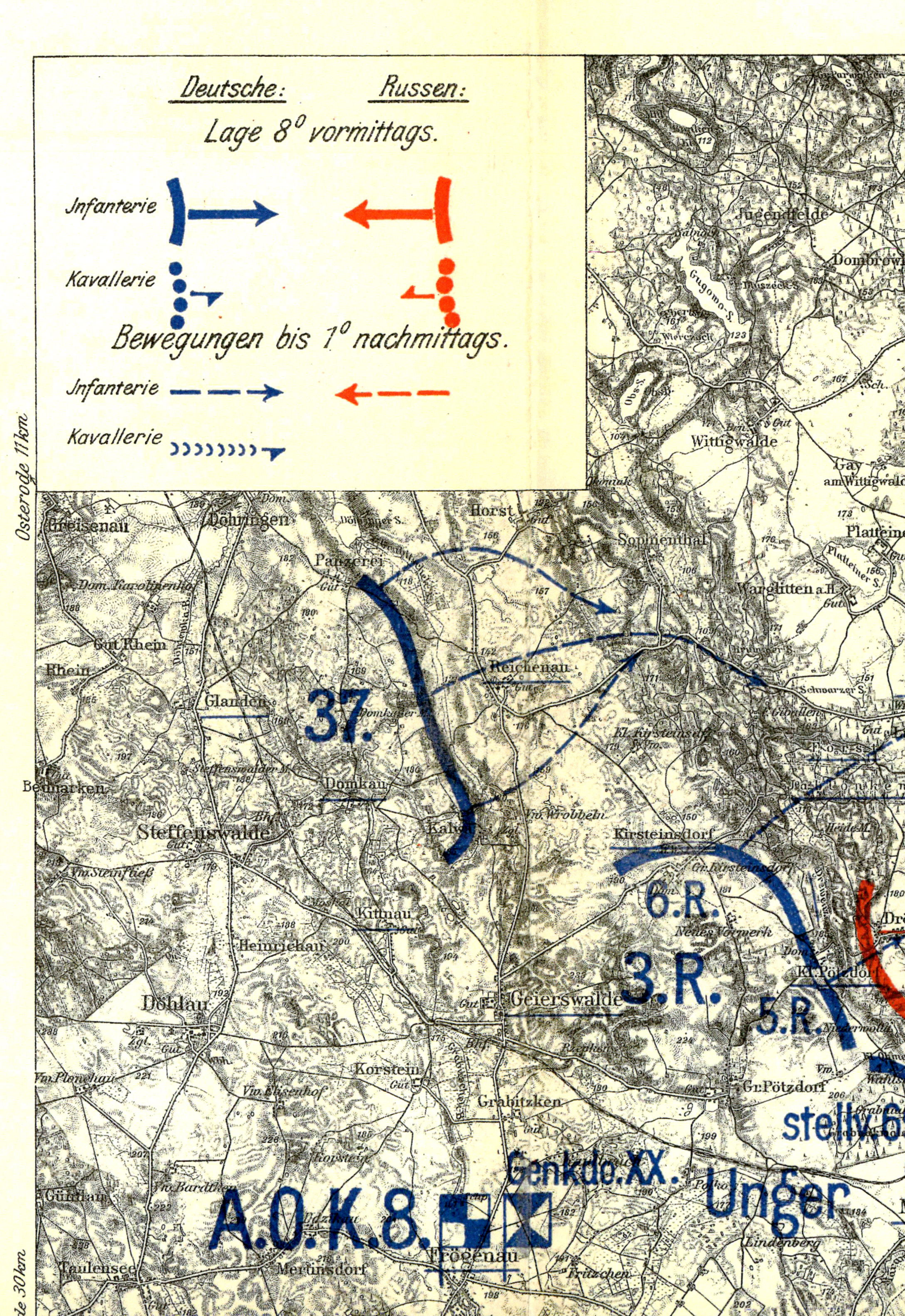
Deutsche:
Russen:
Lage 8⁰ vormittags.
Jnfanterie
Kavallerie
Bewegungen bis 1⁰ nachmittags.
Jnfanterie
Kavallerie
Osterode 11km
de 30km
Greisenau
Döhringen
Horst
Sophienthal
Jugendfelde
Dombrowk
Wittigwalde
Gay am Wittigwald
Platteine
Warglitten a.H.
Gut Rhein
Rhein
Glanden
Reichenau
37.
Domkau
Kaltken
Bennarken
Steffenswalde
Kirsteinsdorf
6.R.
Neues Vorwerk
Kittnau
Heinrichau
3.R.
5.R.
Döhlau
Geierswalde
Korstein
Grabitzken
Gr. Pötzdorf
stellv.
Genkdo. XX.
Unger
A.O.K. 8.
Frögenau
Mertinsdorf
Taulensee
Lindenberg
Fritzchen

cht bei Tannenberg (3. Tag)

e bei Hohenstein am 28. August 1914.

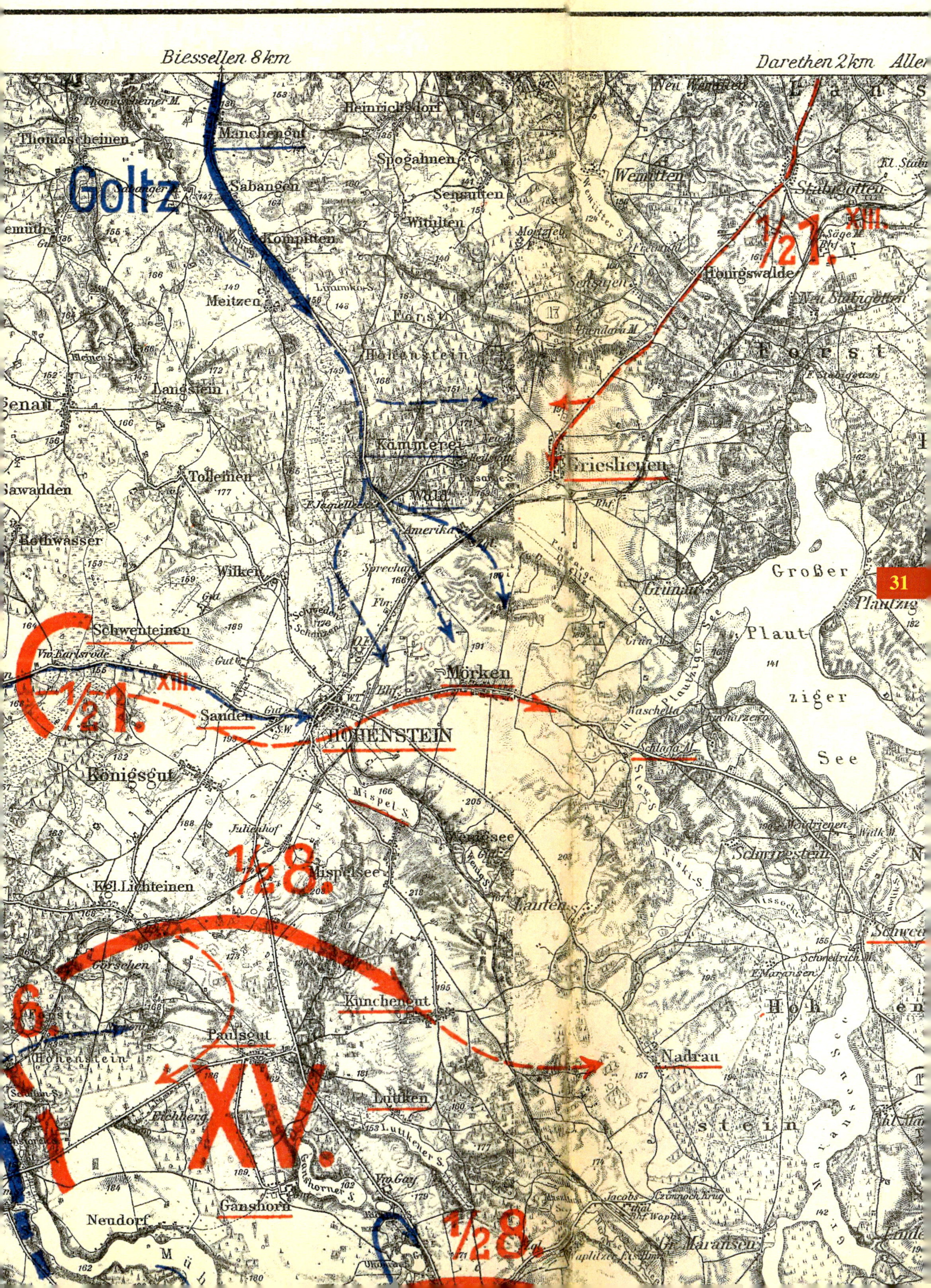

Schlacht bei Tannenberg (

Kämpfe bei Hohenstein am 28. August 1

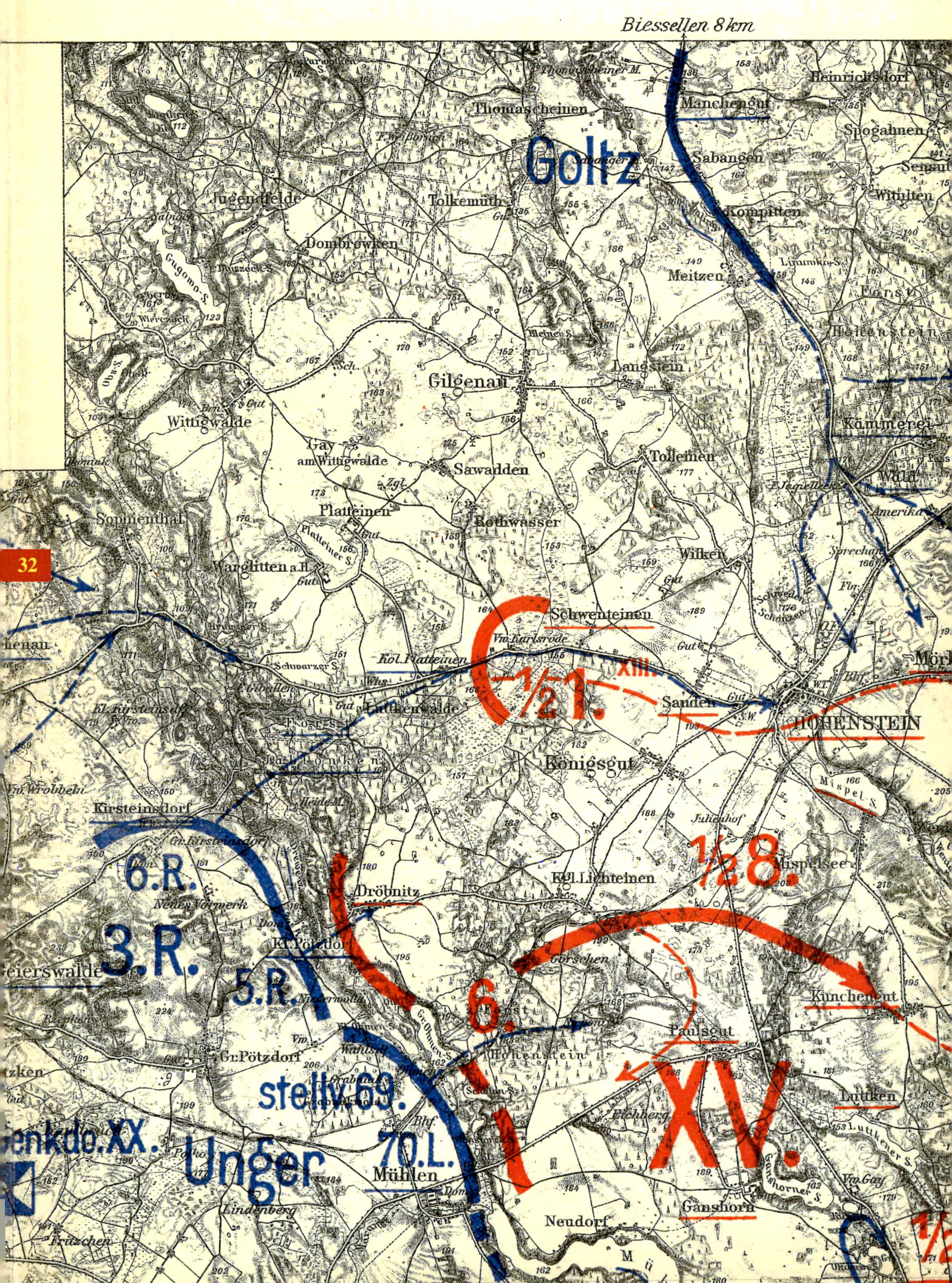

g)

Karte 8.

Darethen 2 km Allenstein 14 km
Wemitten
Stabigotten
Kl. Stabigotten
1/21. XIII.
Honigswalde
Neu Stabigotten
F. Stabigotten
Gelguhnen
F. Gelguhnen
F. Ustrich
O. F. Lanskerofen
Griesliene
Grünau
Großer
Plautziger
See
Plautzig
Lansk
Lanskersee
Lallka
Kl. Ramuck
F. Alt Ramuck
Präs. Höhe
Wuttrienen 2 km
Wuttrienen 8 km
F. Dzyrgunken
Dzyrgunka M.
Schlaga M.
Wadrienen
Nußtal
Schwedrich
Schwedrich M.
F. Maransen
Sombien
Kurken
Nadrau
Sellwa
Kl. Maransen
Gr. Kernos See
Kl. Kernos See
Lindenwalde
Persing
Gr. Maransen
Jacobsthal
Forst
Hohen-
stein
Lansker
ofener
Forst
Rammucker
Forst
Hohen-
stein

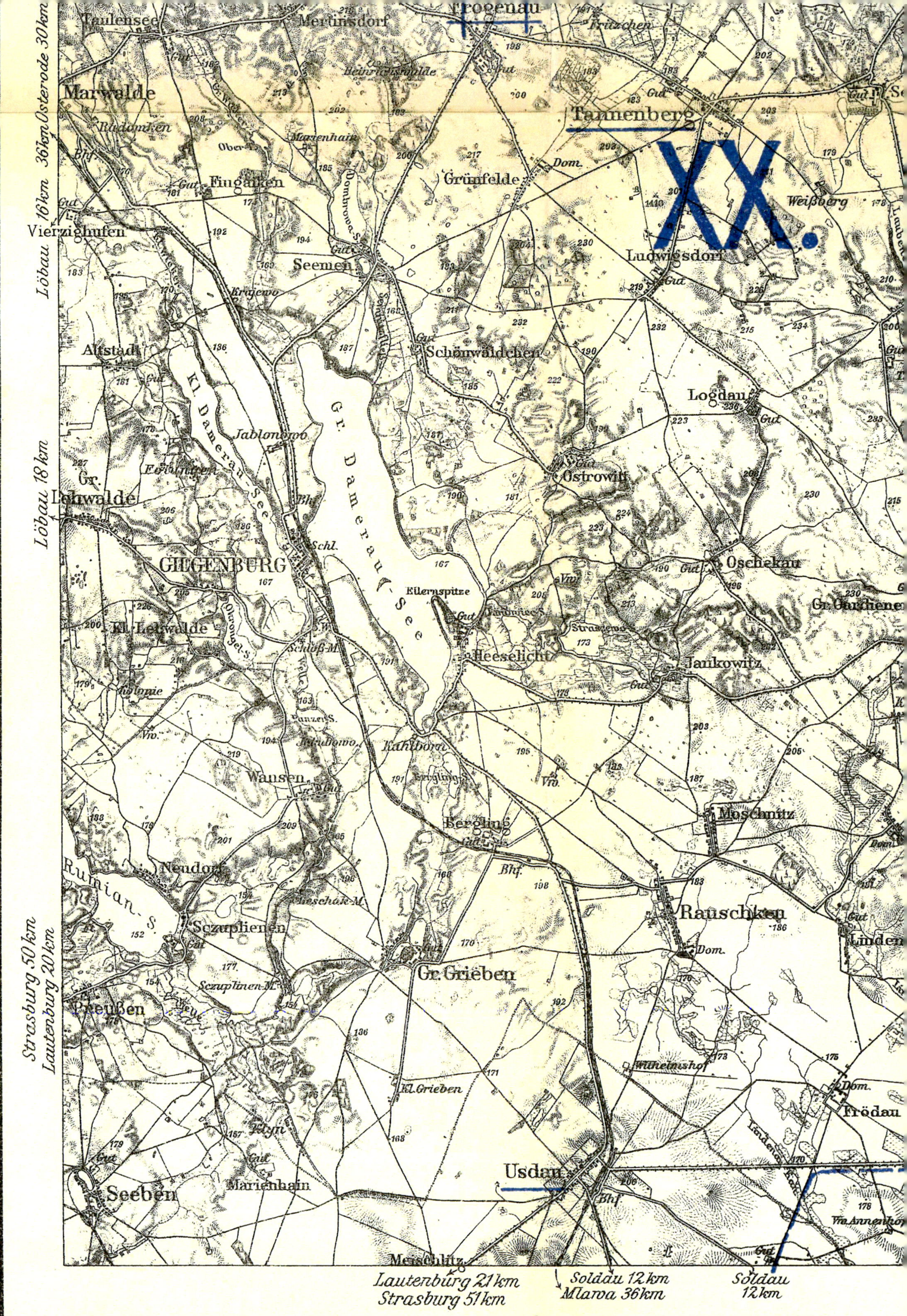

Sonderdruck, hergestellt im Reichsamt für Landesaufnahme, Berlin 1924.

Verlegt bei E. S. Mittler & Sohn, Berlin.

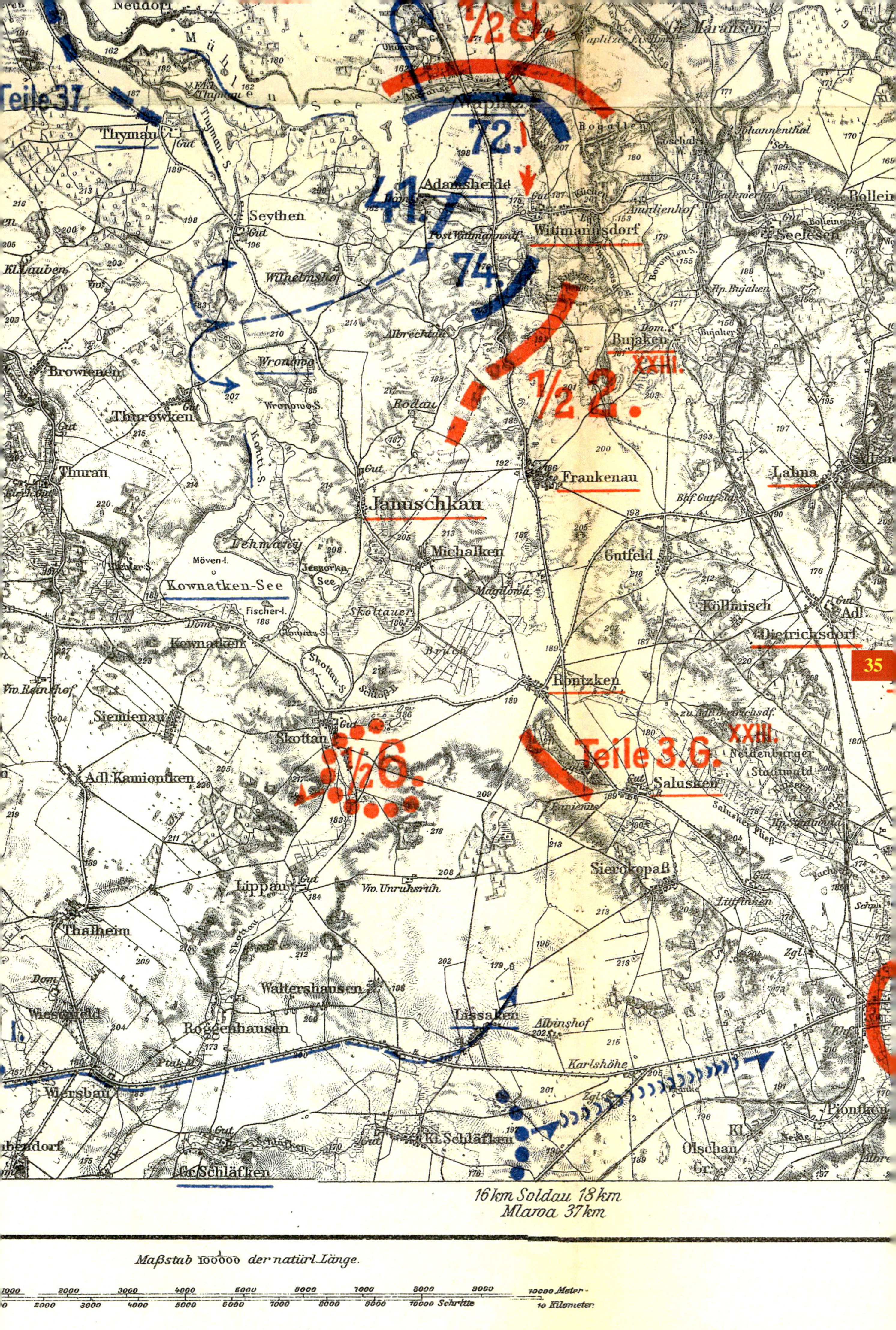

Neudorf
Mühlen See
Teile 37.
Thyman
Thymau S.
½ 8.
Gr. Maransen
Wapnitz
72.
Bogatten
Adamsheide
41.
Seythen
Wittmannsdorf
Amalienhof
Bollein
Seelesen
Post Wittmannsdorf
74.
Wilhelmshof
Kl. Lauben
Albrechtau
Bujaken
XXIII.
½ 2.
Browienen
Wronowo
Wronowo S.
Rodau
Thurowken
Thurau
Konti S.
Frankenau
Labna
Januschkau
Michalken
Lehmany
Gutfeld
Möven-I.
Kownatken-See
Fischer-I.
Kownatken
Köllmisch
Adl. Dietrichsdorf
Skottauer Bruch
Skottau S.
Rontzken
Siemienau
Skottau
½ 6.
Teile 3.G.
XXIII.
Neidenburger Stadtwald
Adl. Kamionken
Saluskeu
Sierokopaß
Lippau
Vw. Unruhsruh
Thalheim
Waltershausen
Lissaken
Albinshof
Wiesenfeld
Roggenhausen
Karlshöhe
Wiersbau
Kl. Schläfken
Gr. Schläfken
Olschau
Pionthen
16 km Soldau 18 km
Mlawa 37 km
Maßstab 1:100000 der natürl. Länge
1000 2000 3000 4000 5000 6000 7000 8000 9000 10000 Meter
0 2000 3000 4000 5000 6000 7000 8000 9000 10000 Schritte
10 Kilometer

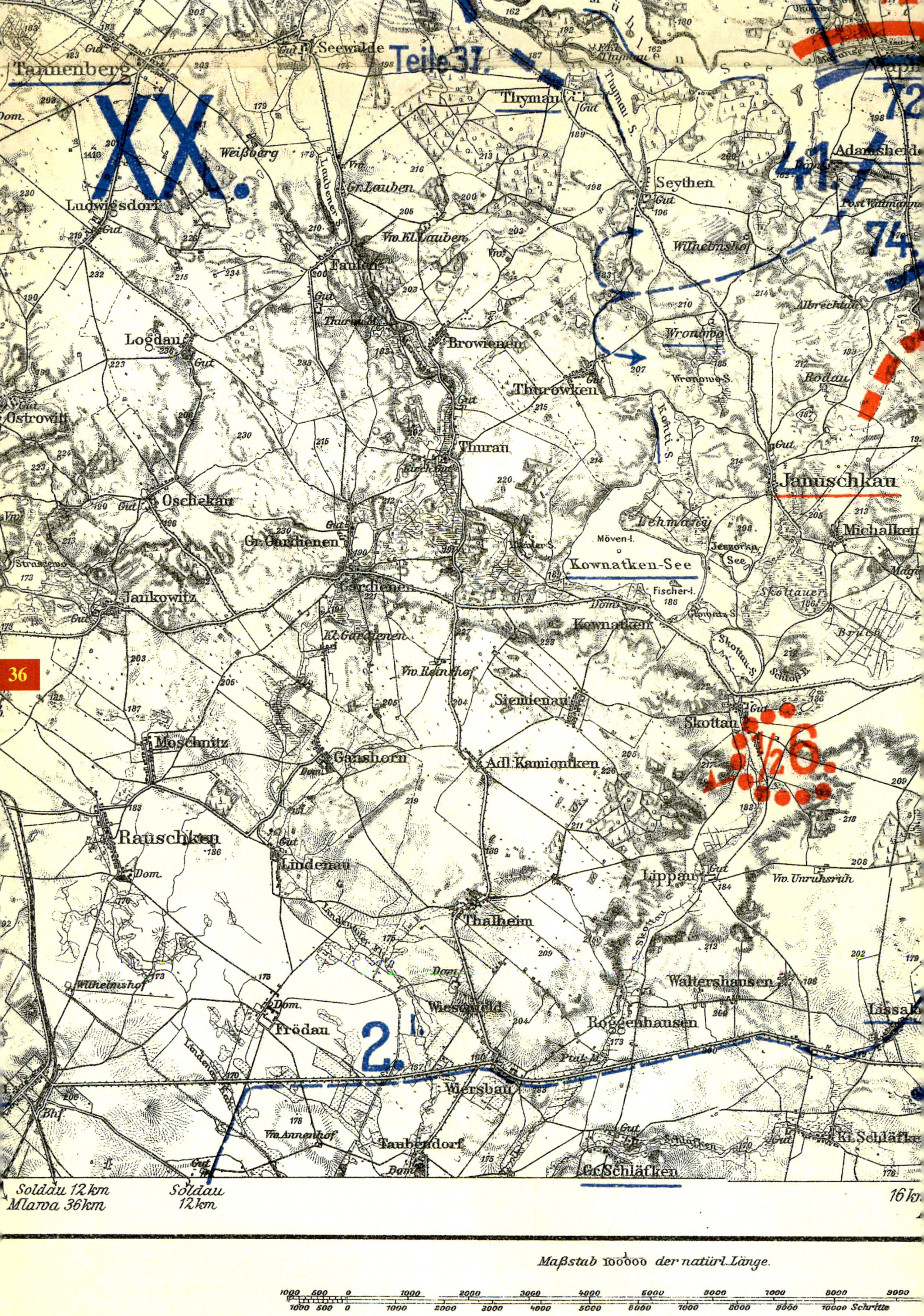

Tannenberg
Seewalde
Teile 37.
Thymau
Mühlen-See
XX.
Weißberg
Gr. Lauben
Seythen
41.
72
74.
Adamsheide
Ludwigsdorf
Vw. Kl. Lauben
Wilhelmshof
Taulen
Wronowo
Albrechtau
Logdau
Browienen
Thurowken
Rodau
Ostrowitt
Thurau
Januschkau
Oschekau
Gr. Gardienen
Lehmaney
Michalken
Möven-I.
Kownatken-See
Jaukowitz
Gardienen
Fischer-I.
Skottauer
Kl. Gardienen
Kownatken
Vw. Heinhof
Siemienau
Moschnitz
Skottau
Ganshorn
Adl. Kamionken
1½ 6.
Rauschken
Lindenau
Lippau
Vw. Unruhsruh
Thalheim
Wilhelmshof
Waltershausen
Frödau
Wiesenfeld
Roggenhausen
Lissaken
2.
Wiersbau
Vw. Annenhof
Taubendorf
Gr. Schläfken
Kl. Schläfken
Soldau 12 km
Mlawa 36 km
Soldau 12 km
16 km
Maßstab 1/100000 der natürl. Länge
1000 500 0 1000 2000 3000 4000 5000 6000 7000 8000 9000
1000 500 0 1000 2000 3000 4000 5000 6000 7000 8000 9000 10000 Schritte

Höhenzahlen in Metern.

Schlacht bei Tannenberg (4. Tag)

Die Verfolgung am 29. August 1914.

Karte 9.

Zu: „Der Weltkrieg 1914–1918.“ Zweiter Band.

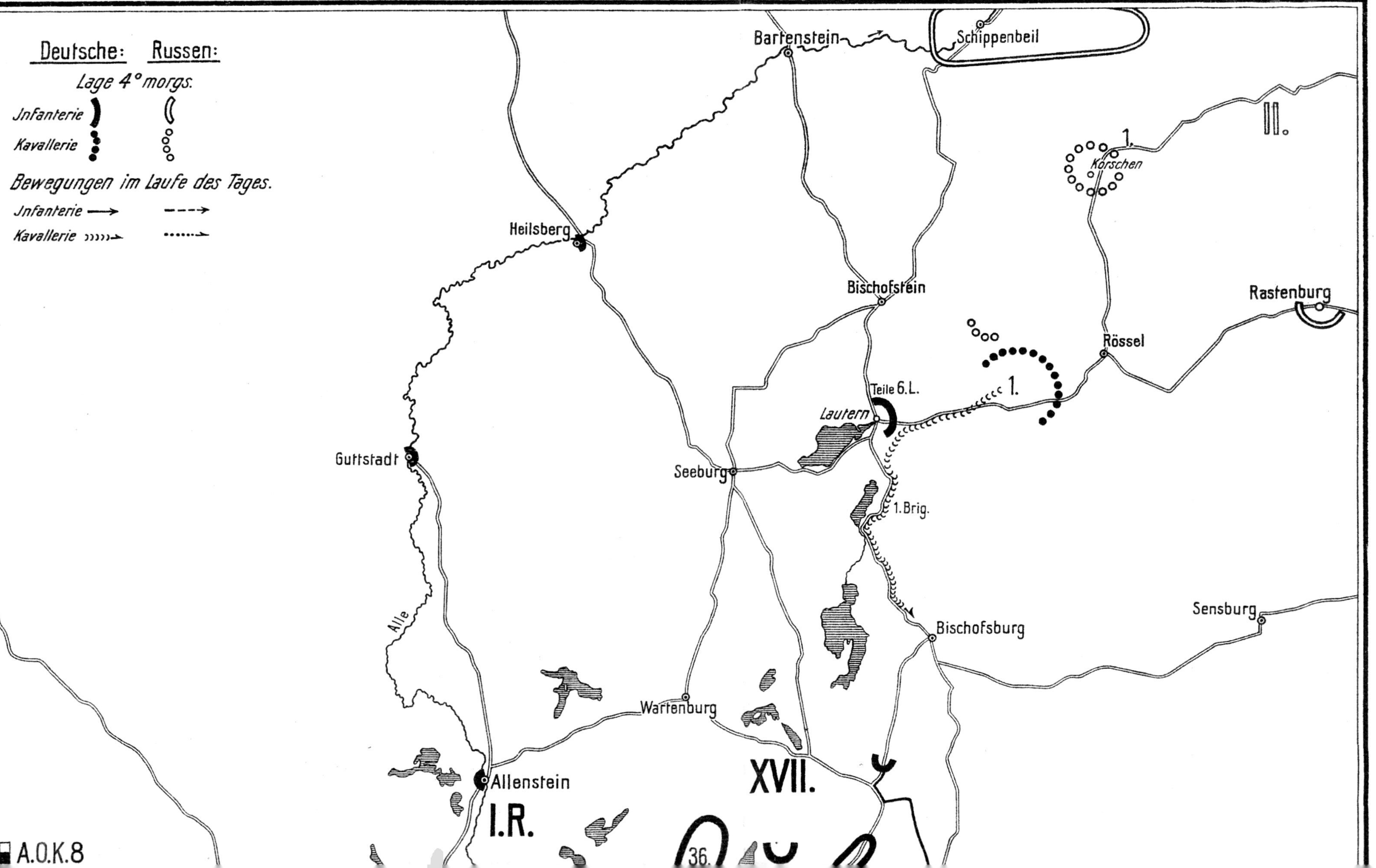

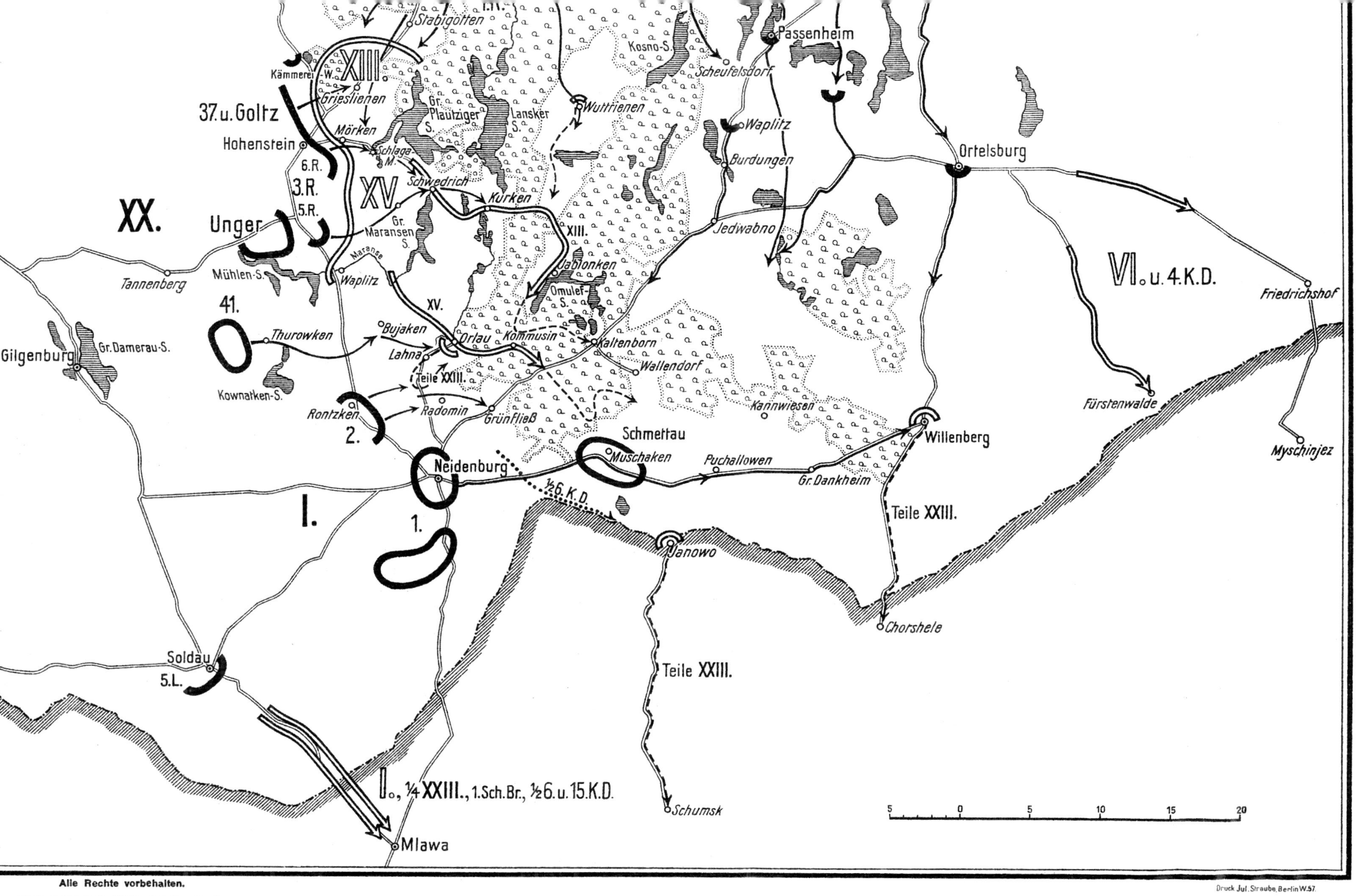

Verlegt bei E. S. Mittler & Sohn, Berlin

Druck Jul. Straube, Berlin W.57.

Schlacht bei

Lage in Ostpreußen am 29. August 1914 abends und Be

Zu: „Der Weltkrieg 1914—1918." Zweiter Band.

 Verlegt bei E. S. Mittler & Sohn, Berlin.

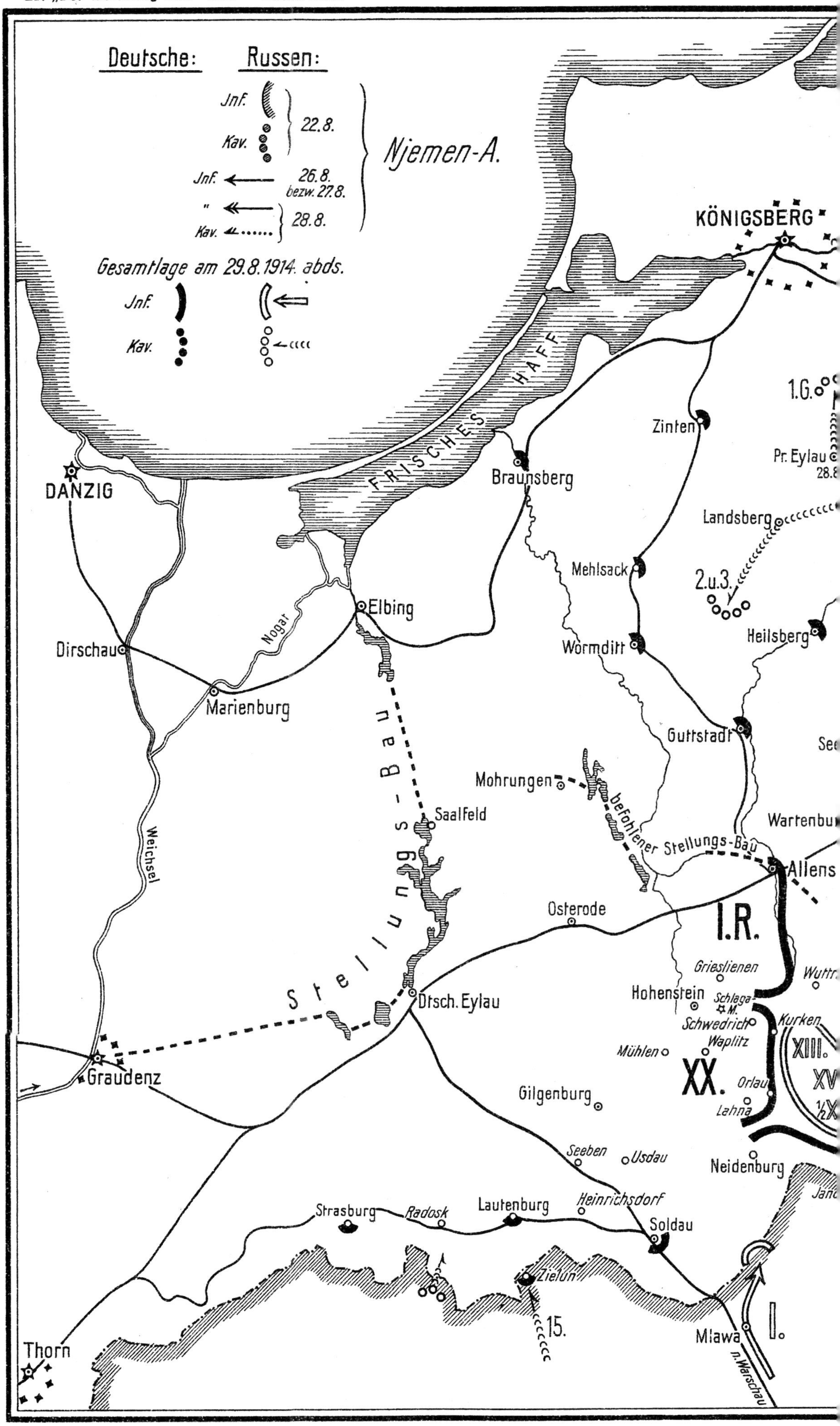

nenberg (4. Tag)

gen der russischen Njemen-Armee seit dem 23. August. Karte 10.

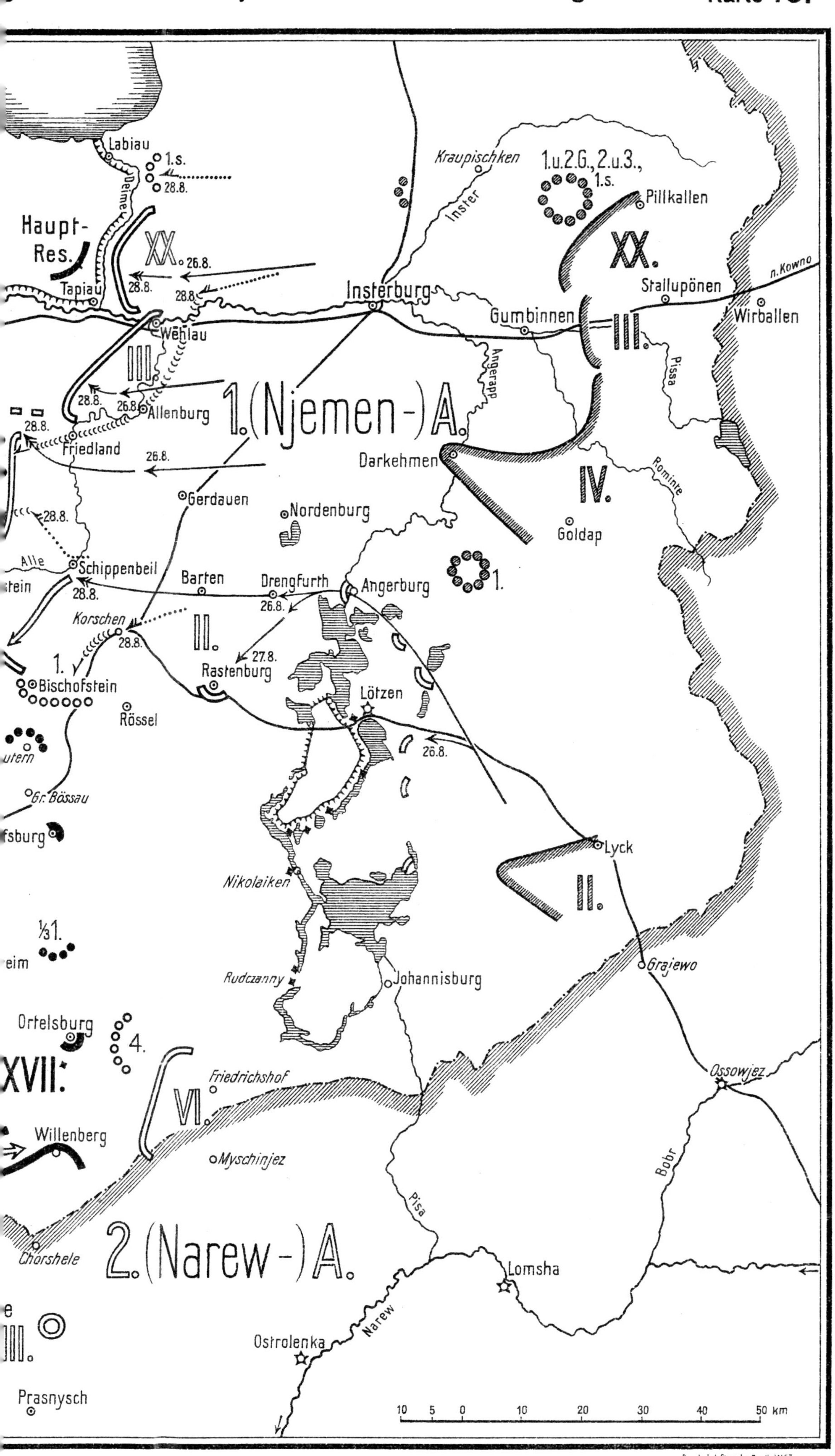

Druck Jul. Straube, Berlin W. 57.

Zu: „Der Weltkrieg 1914—1918. Zweiter Band.

Schlacht bei Tanne

Abwehr der Entsatzversuche und Gefangennahn

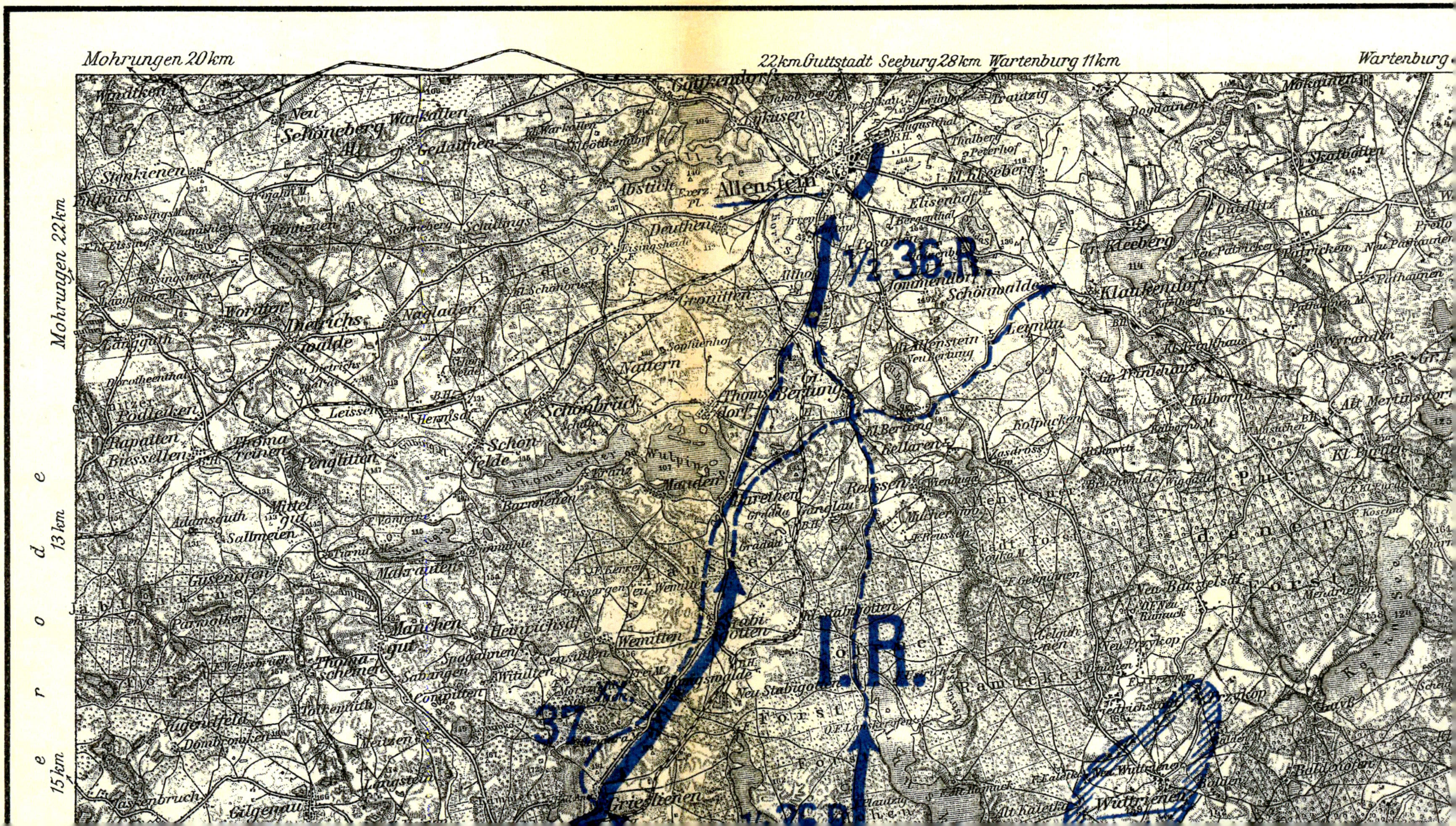

Goltz
1.R.
3.R.
Unger
70.I.
41. XX.
2.
I.
Teile XX
O 2500
Schlimm
Hohenstein
Tannenberg
Neidenburg
Waplitz
Mühlen
Gilgenburg 5 km
Löbau 24 km
Osterode 21 km
0 16 km

annenberg (5. Tag)

ennahme der Russen am 30. August 1914.

Karte 11.

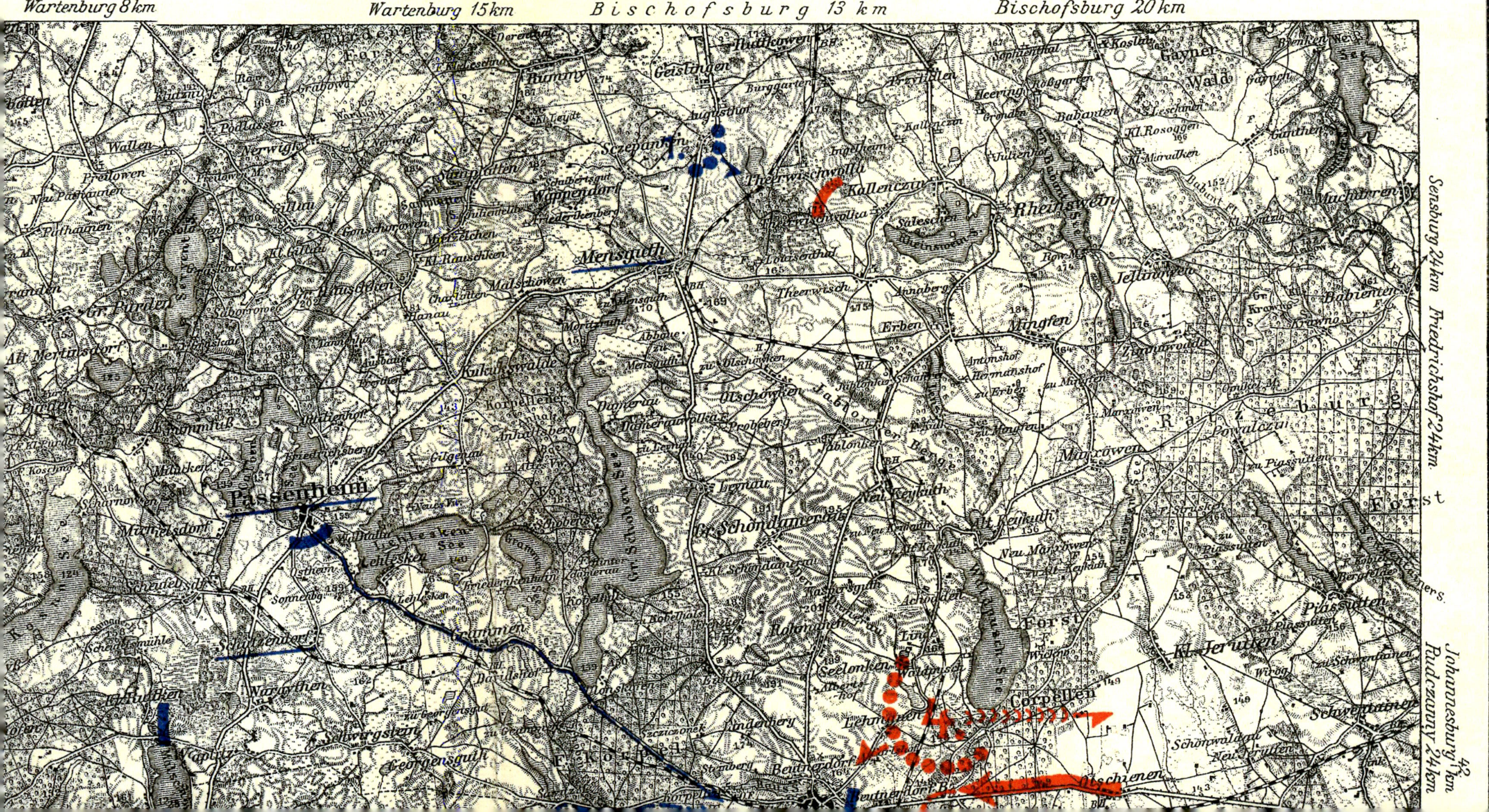

XVII.
35.
XIII.
XV.
XXIII.
1.
4.
VI.
Schmettau
Willenberg
1000
500
11000
17000
10000
mehrere 1000
Friedrichshof 11km
Jedwabno
Schutschen
Wessolowen
Zaremby
Janow

41. XX.
2.
Teile X
I.
5. L.
2
Neidenburg
Schlimm
Usdau
Gilgenburg 5 km
Dtsch.Eylau 48 km
Seeben 16 km
Scharnau
Pilgramsdorf
Saberau

Sonderdruck, hergestellt im Reichsamt für Landesaufnahme, Berlin 1924.

Verlegt bei E. S. Mittler & Sohn, Berlin.

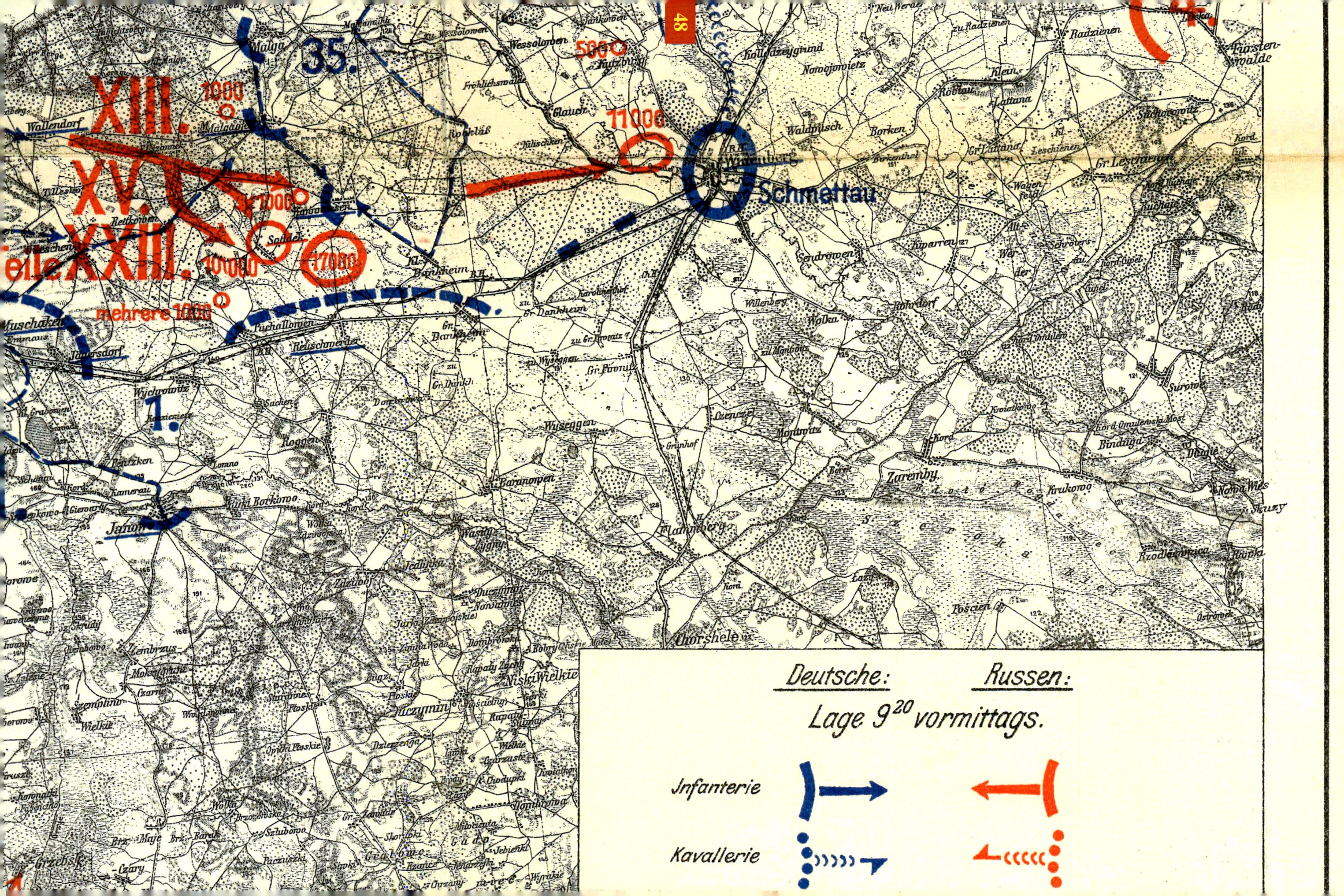

Deutsche:
Russen:
Lage 9^20 vormittags.
Jnfanterie
Kavallerie
Schmettau
XIII.
XV.
XXIII.
35.
1.
1000
11000
17000
10000
500
mehrere 1000
Wallendorf
Malga
Wessolowen
Fröhlichswalde
Glauch
Waplitz
Bartoschken
Gr. Lensk
Kaltenborn
Wilsendorf
Hohenstein
Tannenberg
Grünfelde
Frankenau
Mühlen
Gilgenburg
Mühlen
Radzienen
Reuschwerder
Puchallowen
Orlau
Lahna
Frankenau
Jankowen
Neu Wessolowen
Lippau
Bolleschin
Mühlen
Kl. Dankheim
Gr. Dankheim
Wyszeggen
Gr. Piwnitz
Zaremby
Krukowo
Baranowen
Wiesenhof
Jedwabno
Nisko Wielkie
Chorshele

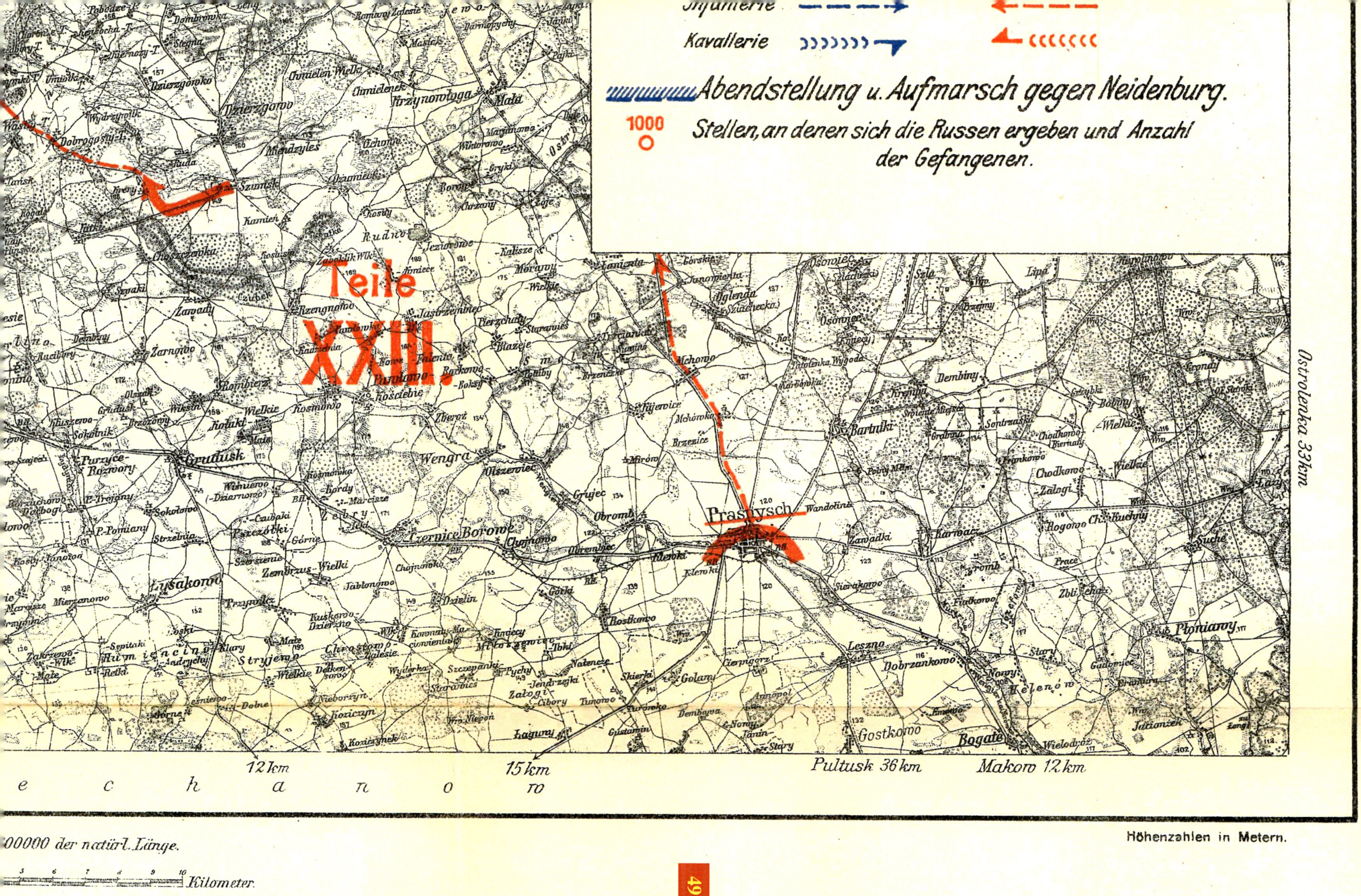

Infanterie

Kavallerie

Abendstellung u. Aufmarsch gegen Neidenburg.

1000 Stellen, an denen sich die Russen ergeben und Anzahl der Gefangenen.

Teile XXIII.

Prasnysch

Ostrolenka 33 km

12 km

15 km

Pultusk 36 km

Makow 12 km

e c h a n o w

Höhenzahlen in Metern.

00000 der natürl. Länge.

Kilometer

Skizze 9. Lage auf dem östlichen Kriegsschauplatz

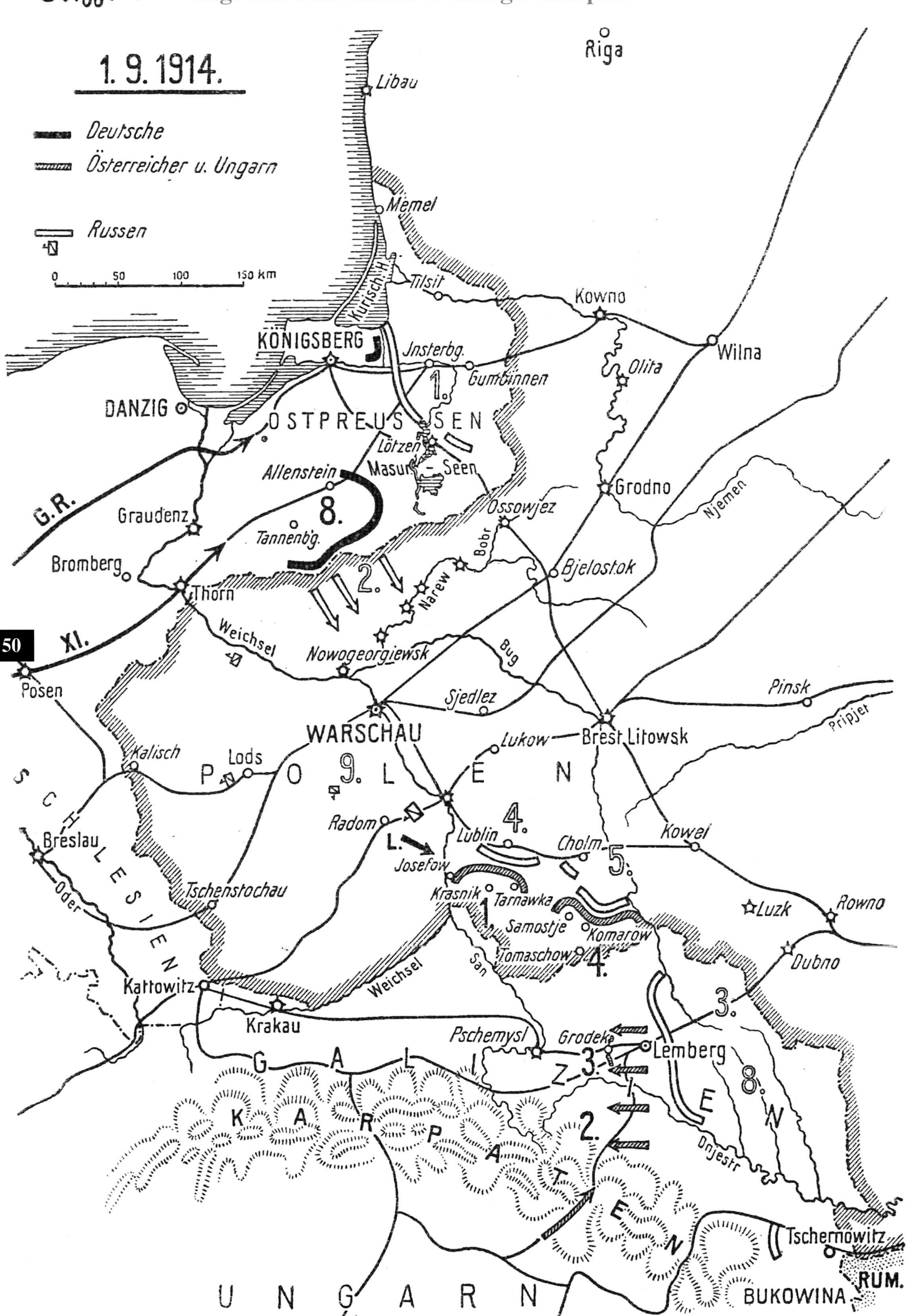

Zu: „Der Weltkrieg 1914—1918." Zweiter Band.

Schlacht an den Masurischen Seen.

Lage am 6. September 1914 abends.

Karte 12.

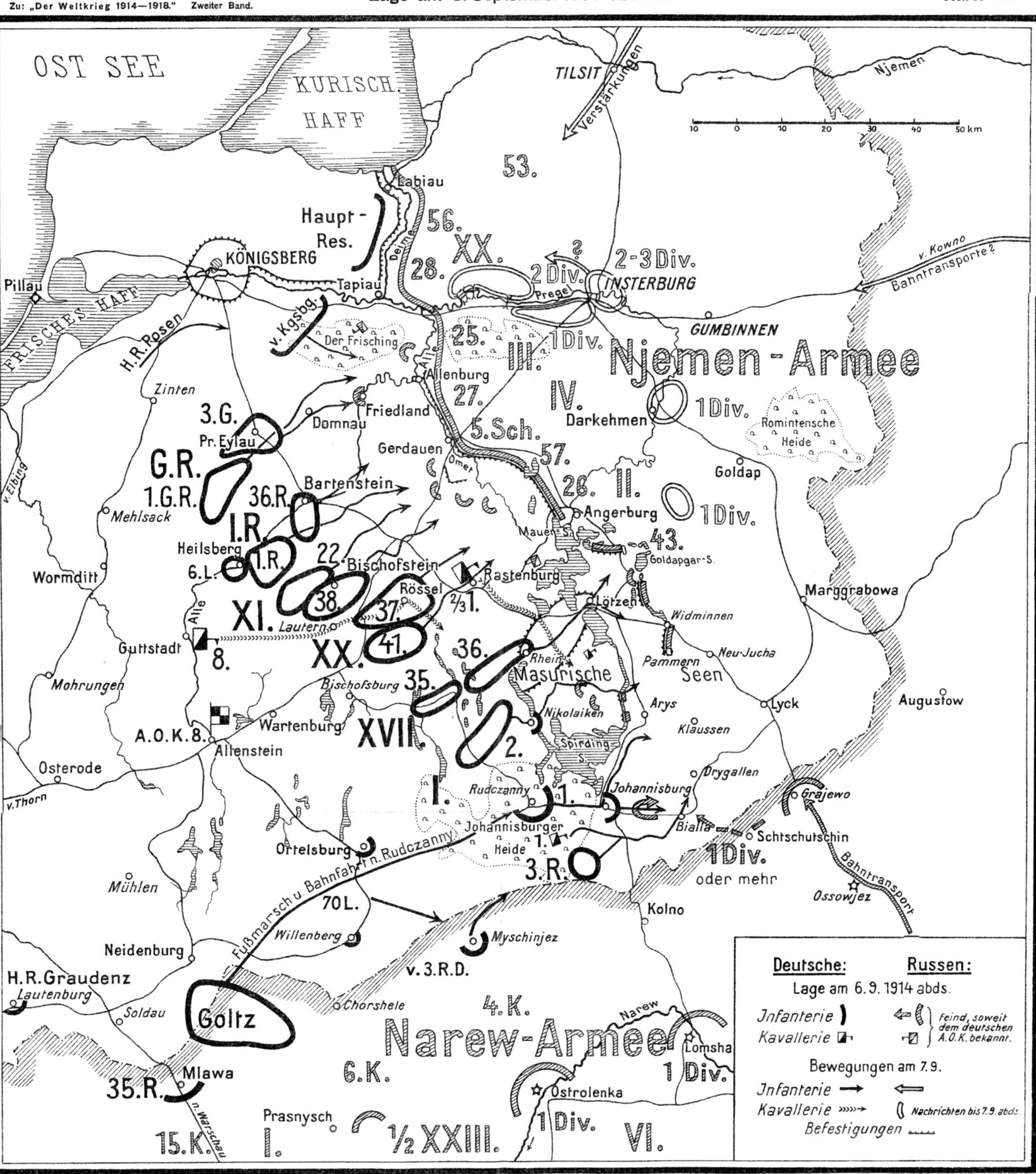

Verlegt bei E. S. Mittler & Sohn, Berlin.

Druck Jul. Straube, Berlin W. 57

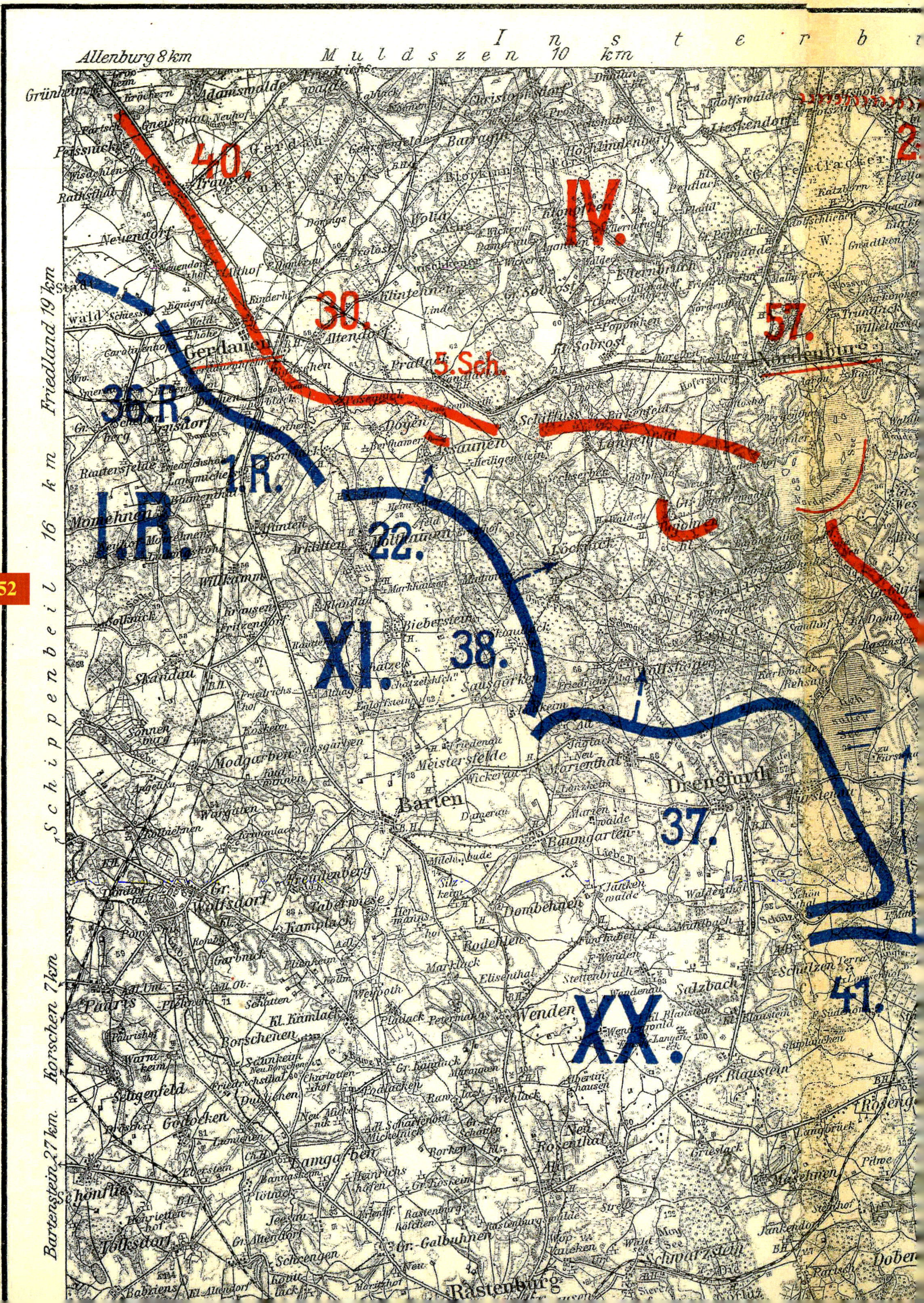

I n s t e r b

Allenburg 8 km

M u l d s z e n 10 km

Friedland 19 km

S c h i p p e n b e i l 16 k m

Korschen 7 km

Bartenstein 27 km

40.

IV.

30.

5.Sch.

57.

36.R.

1.R.

I.R.

22.

XI.

38.

37.

XX.

41.

Gerdauen

Nordenburg

Barten

Drengfurth

Wenden

Rastenburg

chlacht an den Masurischen Seen.

ngriff des deutschen Südflügels am 9. September 1914.

Schlacht an den Masurischen See

Angriff des deutschen Südflügels am 9. September 191

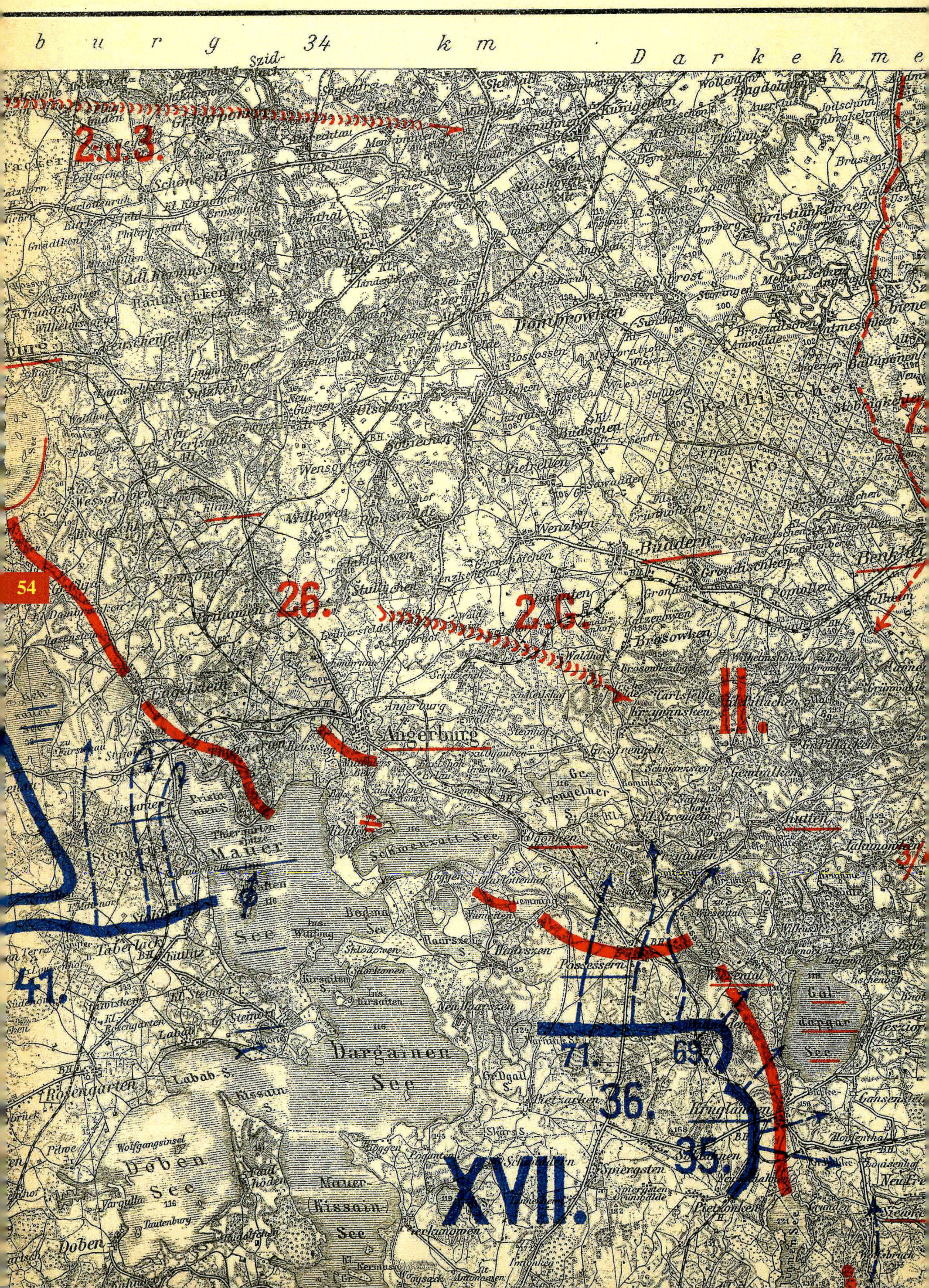

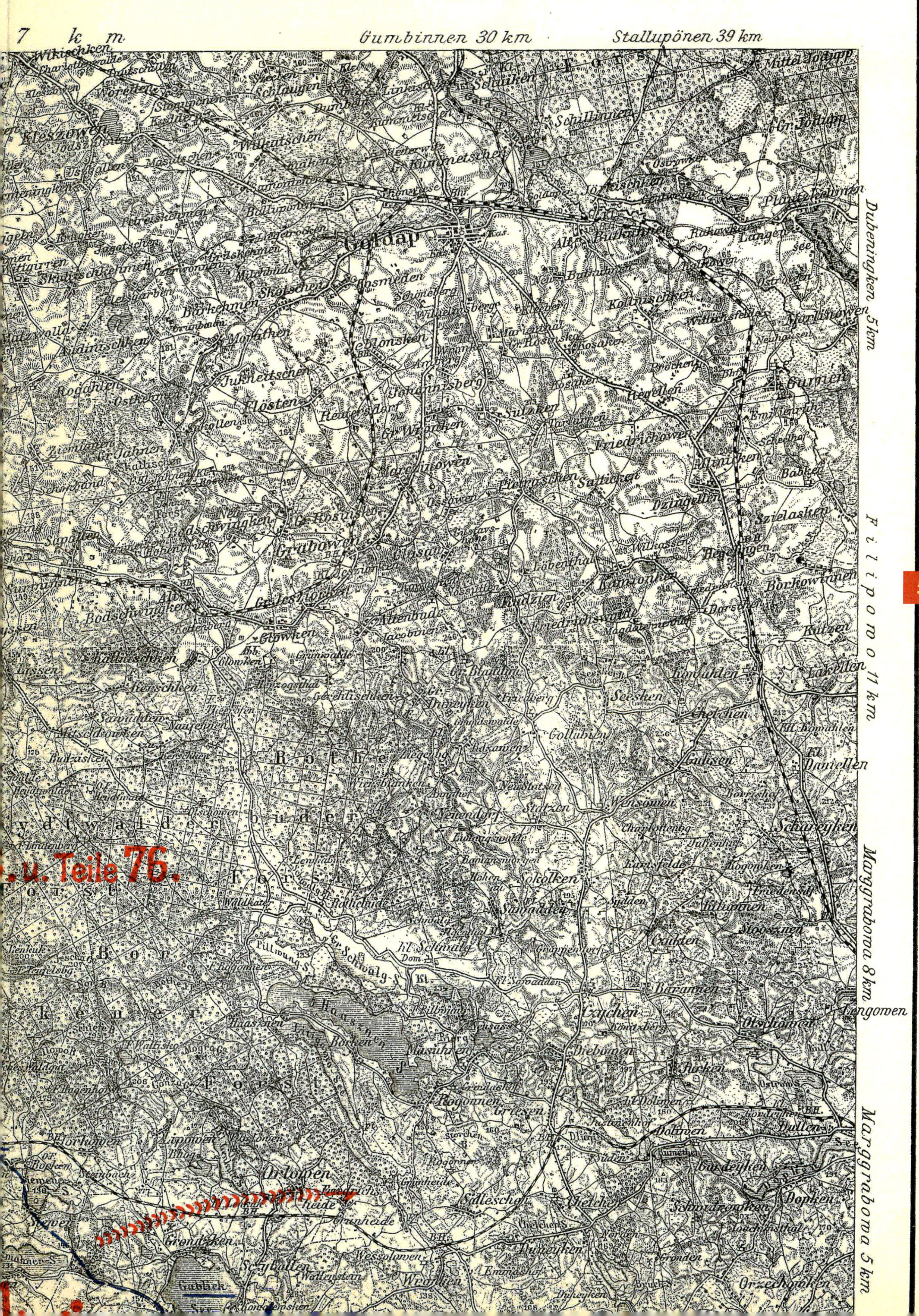
7 km
Gumbinnen 30 km
Stallupönen 39 km
Goldap
Dubeningken 5 km
Filipowo 11 km
Marggrabowa 8 km
Marggrabowa 5 km
u. Teile 76.
Gurnen
Johannisberg
Grabowen
Orlowen
Szielasken

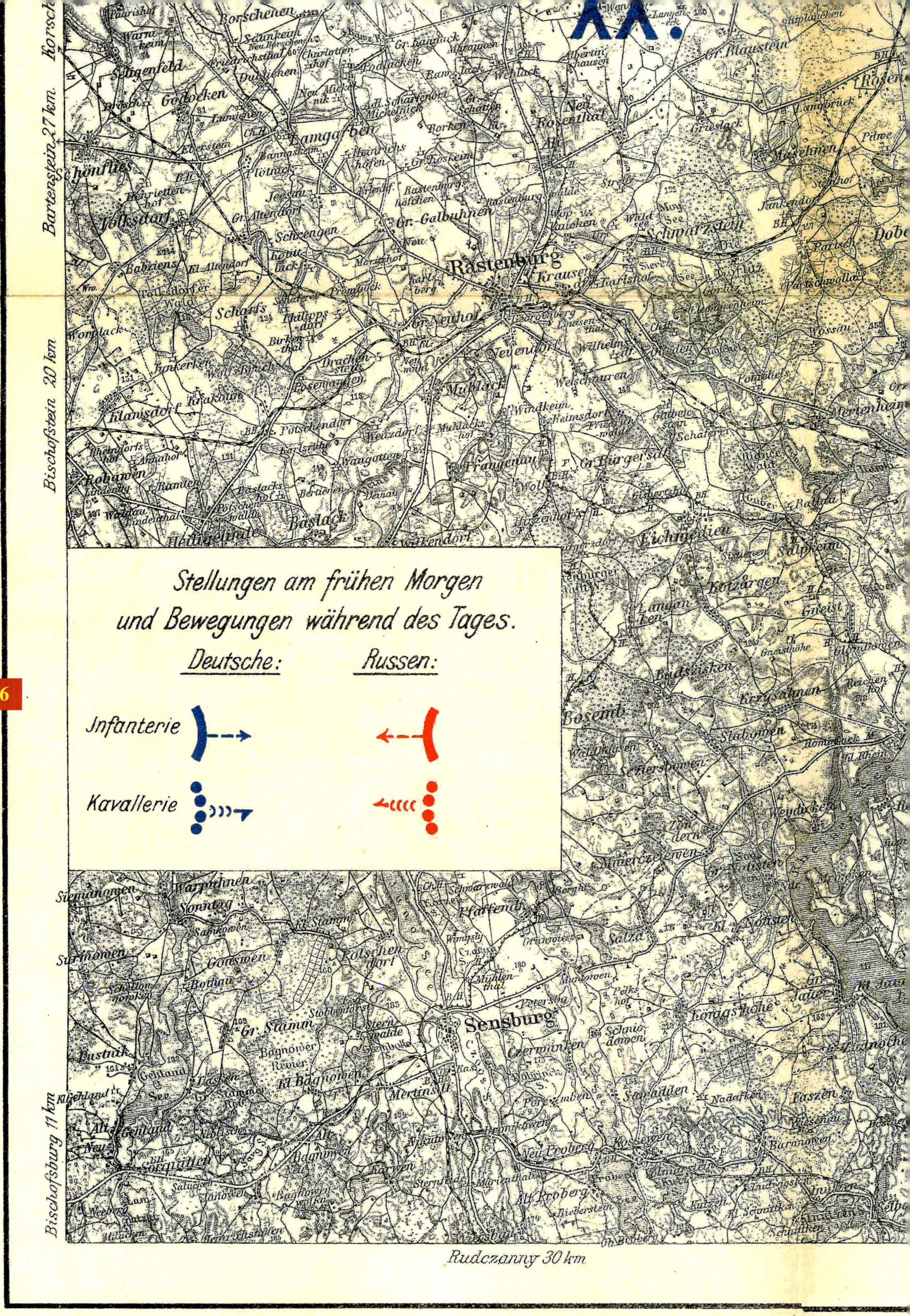
XX.
Stellungen am frühen Morgen
und Bewegungen während des Tages.
Deutsche:
Russen:
Infanterie
Kavallerie
Rastenburg
Sensburg
Langgarben
Schwarzstein
Mühlack
Eichmedien
Bosemb
Pfaffendorf
Heiligelinde
Bartenstein 27 km.
Bischofstein 20 km
Bischofsburg 11 km
Rudczanny 30 km

Sonderdruck, hergestellt im Reichsamt für Landesaufnahme, Berlin 1924.

Verlegt bei E. S. Mittler & Sohn, Berlin.

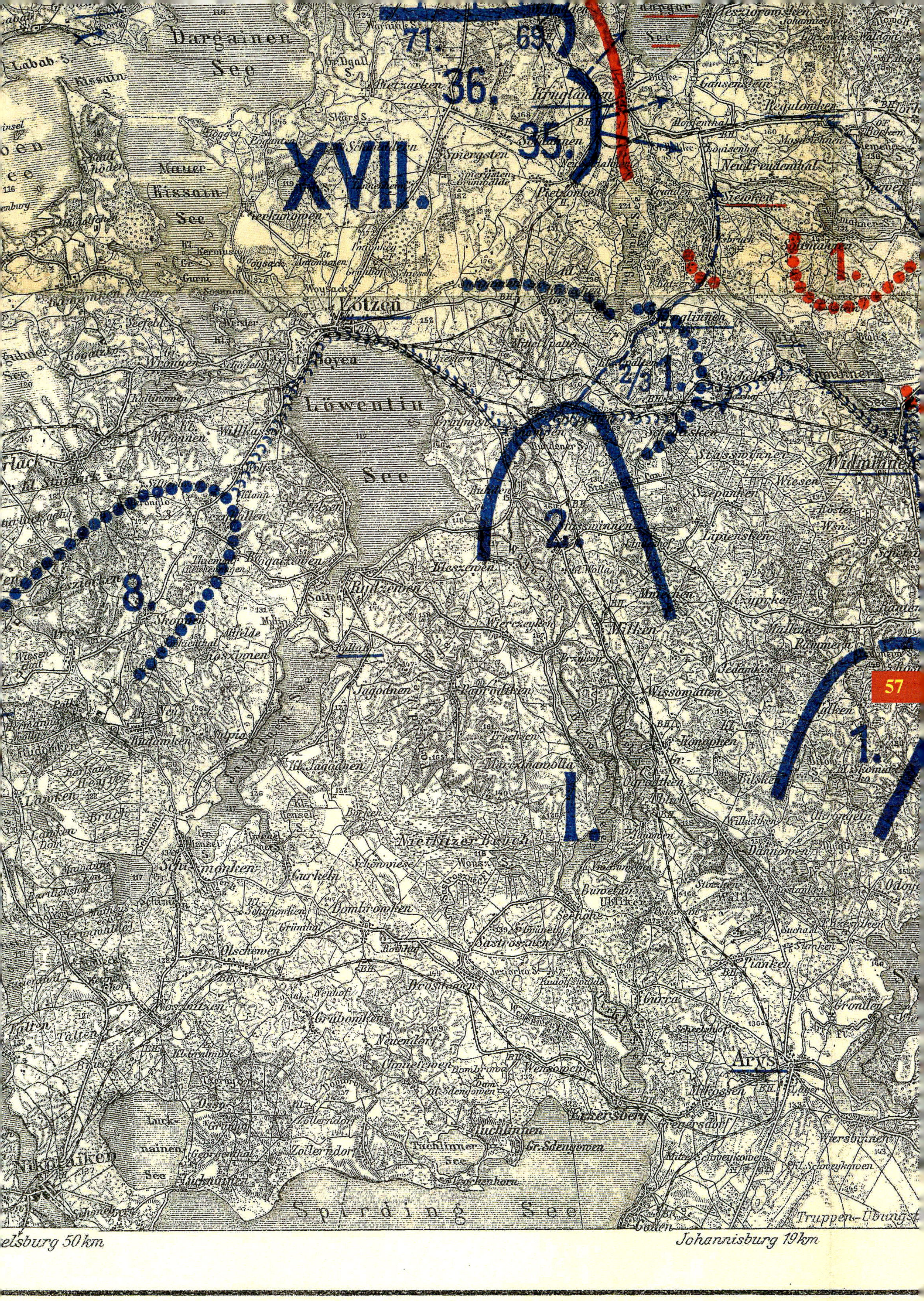

Maßstab 1:200000 der natürl. Länge.

0 1 2 3 4 5 6 7 8 9 10 Kilometer.

Maßstab 1:200000 der natürl. Länge

0 1 2 3 4 5 6 7 8 9 10 Kilometer.

SERVIETTEN falten

Klassische Tischdekoration –
Schritt für Schritt kreativ gestaltet